DICTIONNAIRE

DES

BRIGADES DES DOUANES

Répertoire Analytique et Alphabétique

DES INSTRUCTIONS ADMINISTRATIVES

PAR

H. DÉGALLE

LIEUTENANT DES DOUANES

Auteur du **Guide pratique de Contentieux des Frontières de terre**

AVEC UNE PRÉFACE

PAR

M. E. NIVOLON

INSPECTEUR DIVISIONNAIRE DES DOUANES

OFFICIER D'ACADÉMIE

Labor improbus omnia vincit.

POITIERS

LIBRAIRIE ADMINISTRATIVE P. OUDIN

12, *rue Saint-Pierre-le-Puellier*, 12

1905

DICTIONNAIRE

DES BRIGADES DES DOUANES

DICTIONNAIRE

DES

BRIGADES DES DOUANES

Répertoire Analytique et Alphabétique

DES INSTRUCTIONS ADMINISTRATIVES

PAR

H. DÉGALLE

LIEUTENANT DES DOUANES

Auteur du **Guide pratique de Contentieux des Frontières de terre**

AVEC UNE PRÉFACE

PAR

M. E. NIVOLON

INSPECTEUR DIVISIONNAIRE DES DOUANES

OFFICIER D'ACADÉMIE

Labor improbus omnia vincit.

POITIERS

LIBRAIRIE ADMINISTRATIVE P. OUDIN

12, *rue Saint-Pierre-le-Puellier*, 12

1903

A MON EXCELLENT AMI ET COUSIN

EDGARD BEAUCAMP

NÉGOCIANT

En témoignage de ma vive amitié et de ma reconnaissance.

H. DÉGALLE.

NOTE DE L'AUTEUR

Je tiens à adresser mes plus vifs remerciements à mon excellent capitaine, M. Jeangeot, pour m'avoir, spontanément, fait profiter des précieux conseils suggérés par sa grande expérience et sa compétence bien connue des choses de la Douane, ainsi qu'à notre dévoué et sympathique inspecteur, M. Nivolon, l'auteur si populaire des brigades, qui a bien voulu honorer l'ouvrage d'une préface.

Je remercie également tous ceux de mes supérieurs et camarades qui purent juger le Dictionnaire et lui firent un chaleureux accueil.

Va, petit Dictionnaire, sur toutes les frontières, porter à mes braves camarades des brigades, connus et inconnus, mon salut fraternel. Puisses-tu atteindre le but désiré en répondant à nos besoins de renseignements ! C'est la récompense que j'envie. Puisses-tu recevoir partout l'accueil fait à ton aîné sur les frontières de terre ! Va rejoindre, pour leur adresser un souvenir ému, tous ceux que j'ai connus, mes chefs, mes camarades du service sédentaire, tous mes amis et compagnons de lutte, ceux d'hier et d'aujourd'hui, qui le sont ou le furent dans les plaines de Flandre, sur le plateau des Ardennes, en Meurthe-et-Moselle et sur les sommets des Vosges.

Le Lieutenant,

DÉGALLE.

ABRÉVIATIONS EMPLOYÉES

A. C. E.	Arrêt du Conseil d'Etat.
App.	Appointements.
Art.	Article.
Cass. 10 *sept.* 1840.	Arrêt de Cassation du 10 septembre 1840.
Circ. n° 2003.	Circulaire numéro 2003.
Chambéry, 12 *juill.* 1887.	Arrêt de la Cour d'appel de Chambéry du 12 juillet 1887.
Coll. L. A. t. 1er, *p.* 12.	Collection de Lille, tome 1er, page 12.
Cont. Ind.	Administration des Contributions indirectes.
C. pénal, art. 101.	Code pénal, article 101.
Déc.	Décision administrative.
Décr.	Décret.
Del.	Delandre-Doussin (Traité).
Guerre, 23 *janv.* 1892.	Lettre du Ministre de la Guerre du 23 janvier 1892.
L. ad.	Lettre administrative.
Loi du 20 *oct.* 1900.	Loi du 20 octobre 1900.
L. au Direct. à.	Lettre au Directeur à.
L. C. du 10 *févr.* 1902.	Lettre commune du 10 févr. 1902.
Minis. des Fin.	Lettre du Ministre des Finances.
Ord.	Ordonnance.
Org. mil.	Organisation militaire.
Pall.	Pallain (Douanes Françaises).
Pand. Franç.	Pandectes Françaises (Recueil de jurisprudence).
Pel.	Pelabon (Répertoire des lois et arrêts).
Procès-v.	Procès-verbal.
Règl.	Règlement.
Roux.	Roux (Manuel des Brigades).
V. Baux.	Voir Baux.
Rec. méth.	Recueil méthodique du Contentieux.
Tabl.	Tableaux des délits et contraventions.

PRÉFACE

Quand, dans mes jeunes années, — il y a déjà de cela dix-sept ans, — estimant que nos agents avaient besoin d'un livre où ils pussent trouver facilement quelques notions professionnelles précises, je mis au jour le *Guide pratique du préposé et du sous-officier*, je n'avais guère été précédé dans cette voie que par notre respectable doyen et notre précurseur à tous, M. J.-J. Roux, ancien capitaine. Mais son *Manuel*, un peu savant et trop complet pour de simples préposés assez peu lettrés, s'adressait aux chefs de poste et surtout aux officiers.

Je fis donc un guide tout petit, tout modeste, tout simple, pour nos préposés, et j'eus la satisfaction de voir que mon initiative avait répondu à un véritable besoin.

Quels changements depuis cette époque, et avec quelle prodigalité mes émules ont-ils apporté leur contribution pour combler une lacune que tous, chefs et soldats, sentaient la nécessité de voir disparaître ! Les volumes ont succédé aux volumes, constituant pour le douanier une véritable bibliothèque : MM. Bagot, Dégalle, Ville, Pouyat — ceux que j'oublie m'excuseront — joignaient leurs efforts aux miens pour donner à nos agents, qui accueillaient avec joie la manne dont ils avaient été si longtemps privés, des vade-mecum, des abécédaires, des manuels, des guides leur enseignant, en service général et en contentieux, les connaissances dont ils avaient besoin, aussi bien pour l'accomplissement journalier de leurs devoirs professionnels que pour la préparation des examens d'aptitude auxquels ils sont soumis.

L'auteur de ce livre a pensé — et il avait raison — que cet ensemble déjà vaste appelait un complément, une synthèse. Il s'est dit : apprendre est bien, se souvenir est mieux, mais remonter aux sources sans erreur possible serait la perfection ; et il pensa au *Dictionnaire*, forme synthétique parfaite employée dans toutes les branches du savoir, et essentiellement applicable à l'instruction du personnel des Douanes.

Avec l'esprit clair, précis et méthodique qui le distingue, M. Dégalle a composé un ouvrage limpide qu'il suffira d'ouvrir au mot voulu pour trouver ou pour se souvenir, et que tous, préposés, sous-officiers, chefs de tous grades, compulseront avec profit et, je crois pouvoir le dire, si je juge des autres d'après moi-même, avec plaisir.

Et c'est parce que son livre répond à un besoin, que j'ai accepté volontiers la tâche agréable d'en être le parrain et de lui souhaiter tout le succès qu'il mérite et qui est dû au persévérant et scrupuleux travail de son consciencieux et sympathique auteur.

E. Nivolon.

DICTIONNAIRE

DES BRIGADES DES DOUANES

A

Abatage de chiens fraudeurs. La patte gauche de devant de l'animal détruit doit être rapportée au poste, où elle est conservée jusqu'au passage d'un officier, qui *la fait mutiler.* A la résidence du receveur elle est représentée à celui-ci. (*Déc. du* 17 *oct.* 1901.) V. CHIENS, PRIMES.

Absence de la résidence. Aucun employé ne peut s'en absenter sans y avoir été autorisé. (*Arr. minist. du* 25 *avril* 1854, *circ. n°* 205, *du* 11 *mai* 1854.)

Absence illégale. L'agent absent illégalement peut être privé de son traitement pendant un temps double de son absence irrégulière. (*Décr. du* 9 *nov.* 1853, *art.* 17, *p.* 9.)

Abonnement aux circulaires imprimées et lettres communes. Est de 2 francs par an. (*Déc. du* 7 *nov.* 1891. V. *circ. n°* 1252, *du* 12 *mars* 1831 ; *circ. du* 10 *sept.* 1853, *n°* 142.)

Abordage des embarcations des douanes. (V. *circ. du* 12 *août* 1847, *n°* 2188; *circ. du* 26 *déc.* 1835, *n°* 1520 ; *circ. du* 19 *janv.* 1825, *n°* 898.)

Accidents en service. A mentionner aux registres de travail et d'événements. (*Circ. du* 31 *mars* 1829, *n°* 1153 ; *circ. du* 11 *déc.* 1843, *n°* 1997.)

Si l'accident est susceptible de conséquences sérieuses, un procès-verbal est dressé. (*Circ. n°* 1997 ; *circ. n°* 1377, *du* 15 *mars* 1833.)

Au cas où le procès-verbal n'aurait pas été établi en temps utile, on dresserait un acte de notoriété signé par des témoins et attesté par le maire. (*Décr. du* 9 *nov.* 1853, *art.* 35.)

L'agent blessé en service peut conserver l'intégralité de son traitement jusqu'à son rétablissement ou sa mise à la retraite (*Décr. précité, art.* 16, § 8), c'est-à-dire, dans le dernier cas, jusqu'à la remise du brevet de pension. (*L. ad. du* 11 *nov.* 1902.) V. Hôpitaux.

Actes d'huissiers. *Significations.* Peuvent être faites par un seul agent. Si la copie est remise à d'autres personnes qu'à l'intéressé, elle doit être remise sous enveloppe fermée. (*Loi du* 15 *févr.* 1899 ; *circ. du* 28 *févr. n°* 3008.) V. *Rec. méth.*, n°s 182 à 185. D'après un arrêt de la Cour de cassation du 17 juillet 1902 (chambres réunies), les personnes autres que les huissiers, ayant qualité pour faire des significations, ne seraient pas tenues de remettre copie sous enveloppe fermée.

Administration. L'aviser directement des incidents importants. (*Déc. du* 5 *déc.* 1887 ; 26 *mars* 1902.)

Adjudication. V. *circ. du* 14 *févr.* 1883, *n°* 1598. (*Décr. du* 18 *nov.* 1882.)

Affirmation des procès-verbaux. Par deux au moins des saisissants. (*Loi du* 9 *floréal an VII, art.* 10. *Tabl. Contr., p.* 137.)

Délai d'affirmation. Dans les 24 heures, en matière civile (*Juge de paix*). Dans les 3 jours, en matière correctionnelle. (*Rec. méth., n°* 11.)

Le délai n'est pas augmenté s'il expire un jour férié. (*Rennes,* 22 *juin* 1898.)

Cas d'absence du juge de paix et de ses suppléants. (*Circ. du* 14 *avril* 1837, *n°* 1619).

V. *circ. du* 24 *janv.* 1839, *n°* 1730 ; *Cass.*, 29 *déc.* 1838 ; *circ. du* 4 *mars* 1836, *n°* 1531 ; *Cass.*, 19 *févr.* 1836 ; *circ. du* 30 *avril* 1839, *n°* 1754 ; *Cass.*, 22 *mars* 1839.

Affouage. Les agents ont droit à l'affouage. (*Circ. du* 17 *juil.* 1894, *n°* 2432 ; *circ. du* 12 *févr.* 1896, *n°* 2642. V. CODE FORESTIER, *n°* 105. A. C. E. *circ. du* 5 *oct.* 1900, *n°* 3130.)

En cas de contestation, le tribunal administratif (*Conseil de préfecture*) est seul compétent. (*Circ. du* 4 *août* 1896, *n°* 2705.)

Agents.

Admission définitive. V. ANNÉE D'ÉPREUVE.

A éliminer des cadres militaires. V. ORGANISATION MILITAIRE.

Appelés comme témoins devant les tribunaux. V. TÉMOINS.

Blessés en service. V. ACCIDENTS. HÔPITAUX.

Changement de direction. V. ces mots.

Changés par mesure de réorganisation. V. INDEMNITÉS.

Détachés dans les bureaux. V. ces mots.

Démissionnaires, révoqués, licenciés. V. ces mots.

En interruption de service. V. INTERRUPTION.

Pères de 3 enfants et plus. V. ALLOCATIONS.

Présentés pour l'avancement. V. AVANCEMENT.

Proposés pour la retraite. V. RETRAITES.

Ne pouvant trouver à se loger à l'amiable. V. EXPROPRIATION

Alarme. V. SIGNAL D'.

Allocations aux agents ayant 3 enfants et plus. (*Circ. du* 6 *juin* 1899, *n°* 3037, *modifiée par celle du* 4 *juin* 1902, *n°* 3253. V. *modèle d'état*, *circ. du* 6 *juin.*) Cet état ne doit plus mentionner de sommes. (*Déc. du* 30 *nov.* 1900.)

On ne comprend pas sur l'état de l'année les enfants nés après le 1er novembre. (*Déc. du* 15 *nov.* 1899.)

Les agents retraités avant le 1er novembre ne bénéficient pas de ces allocations. (*Déc. du* 25 *oct.* 1902.) Les enfants d'une veuve remariée à un agent n'en bénéficient pas davantage. (*Déc. du* 9 *nov.* 1901.)

Allumettes saisies. Sont incinérées par le receveur en présence des saisissants. (*Circ. du 14 mai 1890, n° 2022.*)

Sont prohibées d'une façon absolue ainsi que les bois préparés pour allumettes (bois de moins de 0^m 10 de longueur). (*Loi du 11 janv. 1892.*) Voir loi de répression (*requête des Contr. indir.*) du 16 avril 1895. (*Circ. du 10 juill. 1895, n°* 2562.)

Allumettes saisies à la requête des Cont. ind. Des échantillons sont prélevés. (*V. circ.* 2022.)

V. Primes. (V. *circ. du* 28 *juill.* 1896, *n°* 2701, *p.* 137.)

Altération des expéditions. V. Faux.

Année d'épreuve. Est portée de 12 à 18 mois pour les agents ayant été frappés d'un numéro d'annotation pendant leur première année. (*Art.* 8. *Règl. du* 8 *juin* 1896. *Circ. du* 20 *juin suivant.*)

Les agents peuvent se marier pendant la période d'épreuve. (*Déc. du* 25 *nov.* 1897.)

Appointements. *Annotations à inscrire sur les rôles.* (*L. C. n°* 1083, *du* 7 *déc.* 1900.)

Retenue du douzième lors de la première nomination ou en cas de réintégration. Est à prélever par quart sur les quatre premiers mois. (*Circ. du* 14 *avril* 1897, *n°* 2790.)

Retenues chevauchant sur 2 années. (*Même circ.*)

Cas de décès, démission, révocation. (*Décr. du* 28 *juill.* 1897 ; *circ. du* 10 *sept. suivant, n°* 2837.)

Agent augmenté par mesure générale avant d'avoir accompli les 4 premiers mois. Cette augmentation porte en entier sur les appointements du mois courant. (*L. ad. du* 23 *juin* 1899.)

Agent démissionnaire après quelques jours de service et réintégré le mois suivant. (*L. Compt.*, 21 *nov.* 1899.)

Agent licencié et réadmis. Ne subit pas la nouvelle retenue du douzième lors de sa réadmission. (*L. ad. du* 30 *janv.* 1902, *transmise le* 8 *mars suivant.*)

Agent réadmis après l'accomplissement de son service militaire. Ne subit pas la retenue s'il demande sa réadmission dans les 3 mois de sa libération. (*L. C. n° 774, du 10 fév.* 1885. V. *cette L. C. pour les annotations.*)

Agent maintenu en fonctions jusqu'à la délivrance du brevet de pension. (*V. circ. du* 27 *juillet* 1897, *n°* 2821.) Est rayé définitivement des cadres à partir du lendemain du jour de la remise de ce brevet. (*Même circ.*)

Tous les mois sont comptés pour 30 jours. (*Règl. du* 26 *déc.* 1866, *art.* 63.)

Demi-soldier nommé à solde entière. La retenue du douzième est faite en une seule fois. (*L. ad. du* 3 *oct.* 1897.)

Autorisation de payer le dernier jour de chaque mois. (*Circ. Compt. du* 11 *mars* 1897.)

(V. ORGANISATION MILITAIRE. *Payement en cas de mobilisation.*)

Payement d'appointements revenant à un agent traité dans un asile. (*Déc. du* 30 *juil.* 1903.)

V. MÉDAILLE DOUANIÈRE. V. TIMBRES DE QUITTANCE. (*L. C. n°* 312, *du* 31 *mai* 1876, *et* 189, *du* 8 *juill.* 1874.)

Agent en congé avec perte de la moitié des appointements, obtenant une augmentation de traitement. Ne peut toucher moins qu'il lui serait revenu s'il n'avait pas eu d'augmentation, et la retenue du 1er douzième n'a lieu qu'en proportion du traitement dont il conserve la jouissance, sauf à le compléter le mois suivant. (*Circ. Compt. du* 15 *février* 1840.)

Exemple : Un agent en congé avec perte de la moitié des appointements pendant 21 jours, et élevé de 1.000 à 1.050 fr. (1) à compter du 1er mai, aurait reçu, s'il n'avait pas été augmenté, la somme de 51 fr. 45, se répartissant ainsi qu'il suit :

Traitement brut mensuel.			83.33
A déduire	Retenue de 5 %.	4.17	31.88
	Retenue de la moitié des appointements à 1.000 fr. pour 21 jours d'absence. . . .	27.71	
Reste à toucher.			51.45

C'est donc cette somme qu'il devra recevoir pour le mois de mai.

(1) Ce traitement est aujourd'hui de 1100 fr.; cette différence de traitement de 50 fr. se reproduira lors de l'augmentation.

Elle sera présentée de la façon suivante :

Traitement brut mensuel sur 1.050 fr.			87.50
A déduire	Retenue de 5 %.	4.38	36.05
	Retenue du 1er douzième pour 19 jours 1/2 à solde entière, 9 jours entiers de présence, et 21 demi-journées de congé.	2.57	
	Retenue de la moitié des appointements à 1.050, pour 21 jours de congé.	29.10	
Reste à toucher			51.45

Au mois de juin on complétera le 1er douzième par un prélevement de 1 fr. 39, représentant la différence entre 3 fr. 96 et 2 fr. 57.

Vacance. Vacance de huit jours d'un agent au traitement de 1.200 fr. Il est dit dans la Circ. de la Compt. précitée, de calculer le traitement d'activité sur le 12e *exact* du traitement brut annuel La formule donnée est $\frac{\frac{(1200)}{12} \times 22}{30}$, que, pour la facilité des opérations, l'on traduira par celle-ci : $\frac{1200 \times 22}{360} = 73.33$ et une fraction de centime négligée au profit du Trésor. On est donc arrivé à calculer sur l'année. On agira pareillement pour les indemnités de frais de tournées en cas d'intérim.

Soit à calculer 25 jours à l'intérimaire sur une indemnité annuelle de 200 fr. et 5 jours au titulaire, on aura $\frac{200 \times 25}{360} = 13.88$ et $\frac{200 \times 5}{360} = 2.77$, soit 16 fr. 65 pour le mois, au lieu de 16.66.

Archives. *Transcription des circulaires, etc.* (*Circ. du* 3 *oct.* 1840, *n*° 1836 ; *circ. du* 4 *sept.* 1821, *n*° 674.)

Livraison aux Domaines. (*Circ. du* 12 *mai* 1898, *n*° 2921 ; 2 *août* 1827, *n*° 1037.)

Armement. Munitions. *Réparations aux armes des agents retraités, démissionnaires, décédés, etc.* Instructions. (*L. C. n°* 849, *du* 10 *nov.* 1886.)

Les réparations doivent être exécutées immédiatement. (*Guerre*, 29 *avril* 1875.)

Mémoires des armuriers. Sont produits sur timbre. (*L. C. n°* 596, *du* 29 *juill.* 1882.)

Instructions pour la comptabilité. (*L. C. n°* 532, *du* 4 *août* 1881 ; *L. C. n°* 430, *du* 30 *déc.* 1878 ; *L. C. n°* 244, *du* 24 *mai* 1875.)

Cartouches employées pour les besoins de service. Ne sont pas à la charge des hommes. Le nombre des cartouches brûlées en service doit être mentionné au registre de travail. (*L. C. n°* 220, *du* 24 *déc.* 1874.)

Cartouches de fusil. Pour le service, chaque agent doit en avoir un paquet entre les mains. (*L. C. n°* 220.)

Cartouches de revolver. Sont échangées chaque année dans le courant du mois d'avril. (*Déc. du* 5 *mars* 1895.)

Approvisionnement. (*L. C. n°* 980, *du* 3 *déc.* 1890.)

En cas de changement de direction, l'agent rend ses armes. (*L. C. n°* 179, *du* 7 *juin* 1874.)

Armes. Ne doivent être chargées qu'en service. (*Déc. du* 20 *avril* 1899.)

Les *fusils* sont chargés au moment de s'en servir, et les *revolvers* le sont au lieu du rendez-vous. Le sous-officier qui reçoit l'ordre doit s'assurer que les armes sont déchargées. (*Même déc.*)

Départ en congé ou en permission. A ce moment, les agents doivent remettre leurs armes au chef de poste. (*Déc. du* 14 *oct.* 1900.)

Sous aucun prétexte, les préposés ne doivent prêter leurs armes. Ils ne doivent jamais s'en servir pour des causes étrangères aux besoins du service. (*Déc. du* 20 *avril* 1899.)

Les couteaux et ciseaux de poche, les cannes simples ne seront réputés armes qu'autant qu'il en aura été fait usage, pour tuer, blesser ou frapper. (*Code pénal*, art. 101.)

Mobilisation. Les agents armés du revolver le conservent en même temps que le fusil. (*Déc. du* 7 *juill.* 1883.)

Arrestation. Les prévenus, même étrangers, ne sont arrêtés que si l'infraction donne lieu à la peine d'emprisonnement. (*Circ. du* 14 *oct.* 1867, *n°* 1073 ; *circ. du* 18 *nov.* 1811.)

V. PRIMES, DÉSERTEURS, RÉBELLION, TRANSPORT DES PRÉVENUS.

V. *Rec. méth.*, n°s 14 et 21. (*Renvois* 2 *et* 3.) (*Remise des prisonniers, etc.*)

Assignation. V. CITATION.

Assurances. V. INCENDIE.

Assureurs de contrebande. Sont solidaires pour l'amende et passibles de l'emprisonnement prononcé pour les délits principaux. (V. *Tabl. des Cont., p.* 17, 20, 153, 155.)

Attaque de voitures. Si la nécessité se présente de faire feu, il faut se placer sur le côté de la route et tirer dans le flanc de l'animal ; il existe ainsi moins de danger qu'à tirer en face. (*Déc. du* 15 *juin* 1888. V. *L. ad. du* 12 *mars* 1898, *transmise le* 14.)

Attroupements. V. *Rec. méth., p.* 16 *et n°* 119, *p.* 72, n°s 208 *et suivants* (*Communes responsables.*) (*Tabl. des Cont.*, *n°* 38, *p.* 20 et 144.)

Avancement. Concours. V. ORTHOGRAPHE.

Préposés ou matelots. Pour l'appréciation des titres d'ancienneté, il y a lieu de cumuler les services militaires et les services civils rendus, soit antérieurement, soit postérieurement à l'admission dans les brigades. (*Déc. du* 19 *avril* 1888.)

Un agent ne peut être nommé de la 3e classe à la 1re. (*Déc. des* 16 *juin* 1884 *et* 14 *juin* 1885.)

Haute paye de 50 francs. Doit être accordée d'après l'ancienneté au dernier traitement. (*Déc. du* 14 *juin* 1884.)

Sous-officiers. C'est la durée des services dans le grade qui détermine le titre d'ancienneté pour la haute paye. (*Déc. du* **19** *avril* **1888.**)

A l'égard de tous, il doit être tenu compte des connaissances militaires. (*Déc. du* 28 *mai* 1892.)

Agent annoté. V. plus loin.

Sous-Lieutenance. (*Règl. du* 28 *nov.* 1887 ; *circ. du* 5 *déc.* 1887, *n°* 1888 ; *L. C. n°* 560 *du* 17 *mars* 1882 (*modifiée*). *Règl. du* 12 *déc.* 1884 (*mod.*), *circ.* 1696.)

Le brevet supérieur, le baccalauréat et le diplôme des Hautes Etudes Commerciales, donnent droit à une majoration du sixième des points obtenus. (*Circ. du* 5 *nov.* 1902, *n°* 3288 ; *arr. minist. du* 28 *oct.* 1902.)

Le brevet d'officier de réserve ou de chef de section donne droit à une majoration de 50 points, mais les candidats le possédant ne prennent plus part aux compositions militaires du concours. (*Circ.* 3288.)

Brigade. Sous-Brigade. Règlement du 8 juin 1896. (*Circ. du* 20 *juin*, *n°* 2681, modifiée par la circulaire du 16 *août* 1904, n° 3440.)

Tableau d'avancement. Est produit en décembre. (*Circ. n°* 3440, *art.* 4, *p.* 8.)

Date du concours. Doit avoir lieu, chaque année, le dernier dimanche du mois de mars. (*Circ. n°* 3440, *art.* 2, *p.* 7.)

Conditions exigées. Grade de sous-brigadier. Avoir moins de 40 ans au 1er janvier de l'année dans laquelle aura lieu l'examen. Compter au moins 18 mois de service de *Douane*, à partir de l'*âge de 20 ans*.

Grade de brigadier. Etre âgé de moins de 44 ans, au 1er janvier, etc., et compter au moins 18 mois de grade de sous-brigadier.

L'ancienneté de service et de grade est calculée jusqu'au 1er du mois dans lequel est fixé l'examen.

Etre porté au tableau d'avancement. (*Circ. n°* 3440, *art.* 3, *p.* 7 et 8.)

Cote numérique. Le coefficient est 15 pour les qualités de conduite de tenue et d'aptitude au commandement, et de 20 pour la capacité professionnelle et la valeur sur le terrain. (*Circ. n°* 3440, *art.* 19, *p.* 13.)

La concession d'une cote supérieure à 17 devra toujours être motivée. (*Circ. n° 3440, p. 2, § 3 ; art. 6, p. 8.*)

Majoration de points. L'ancienneté des services *civils et militaires*, y compris les services avant l'*âge de 20 ans*, entrent en ligne de compte pour autant de points que d'années ou de fractions d'années au-dessus de 6 mois ; le total de ces points est multiplié par le coefficient 8.

Pour les candidats au grade de brigadier, on ajoute l'ancienneté des services à l'ancienneté dans le grade. Ainsi, pour un sous-brigadier comptant 10 ans de services dont 3 de grade, on aura : $10 + 3 = 13 \times 8 = 104$.

Il n'est plus accordé de majoration de points pour les grades dans l'armée ni pour les diplômes de bachelier ou brevets d'instituteur. Le brevet d'officier de réserve compte pour 70 points, et celui de chef de section pour 65 ; mais les titulaires de ces brevets ne prennent plus part aux épreuves militaires du concours. (*Circ. n° 3440, art. 21, p. 13.*)

Coefficients des épreuves. Ecriture, 3 ; Instruction militaire, 3 ; Arithmétique, 4 ; Dictée, 5 ; Questions de service pratique, 5 ; Rapport, 5 ; Procès-verbal, 5. (*Même circ., art. 6, p. 8.*)

Agents annotés. Peuvent, suivant la nature de la faute commise, concourir ou figurer au tableau d'avancement pour les classes. (*Déc. du 23 oct. 1899.*)

Sous-officiers rétrogradés. N'ont pas besoin de concourir de nouveau pour rentrer en possession de leur grade. (*Déc. du 24 janvier 1900.*)

Agents admis comme demi-soldiers, puis commissionnés à l'âge de 20 ans et ajournés ensuite par le conseil de revision. Ne peuvent être admis à concourir avant leur retour du régiment, bien qu'ils compteraient 18 mois de service à solde entière. (*Déc. du 20 juill. 1901.*)

V. CHANGEMENT DE DIRECTION.

Brigadiers pour un emploi de bureau. Peuvent être admis à concourir après 4 ans d'ancienneté dans leur grade. (*Circ. du 5 déc. 1890, n° 2061 ; arr. minist. du 2 déc. 1890.*)

Aucune dispense ne peut être accordée. (*Déc. du 28 avril 1902.*)

Aviseurs. V. INDICATEURS.

B

Bacs et rivières. *Passage gratuit*, par les entrepreneurs, de nuit comme de jours, des agents des douanes en service. (*Circ. du* 13 *oct.* 1852, *n°* 68.)

Balisage. Protection. Loi du 27 mars 1882, art. 8 ; circ. du 9 nov. suiv., n° 1591. Les procès-verbaux peuvent être rédigés par un seul agent. (V. *Tableau des Cont., p.* 90 *et* 91.)

Bandages herniaires et Bas pour varices. Sont fournis ou remplacés sur les fonds du matériel aux agents blessés en service. (*Déc. des* 8 *juin* 1867 *et* 24 *avril* 1896.)

Sont livrés au compte de la masse, lorsque les infirmités qui en nécessitent l'emploi sont le résultat des fatigues du service. Il est produit un certificat médical corroboré par les attestations des chefs locaux.

Ces appareils sont fournis, le cas échéant, aux officiers dans les mêmes conditions. (*Déc. du* 24 *avril* 1896.)

Bandes. Au point de vue de la formation des états, réunion de 3 fraudeurs ou plus portant chacun plus de 5 kilogr. de marchandises ou plus de 10 m. de tissus (ou 2 porteurs et 1 éclaireur). Pour l'allocation des primes, il suffit que la marchandise reprise au procès-verbal soit supérieure à 5 kilogr. ou à 10 m. de tissus, et le montant de ces primes augmente en raison du nombre d'individus ayant marché en réunion. (V. *circ. n°* 2023, Primes.)

Le n° 34 du Tableau des Infractions n'établit de différence entre 3 pacotilleurs et une bande de 3 fraudeurs qu'en ce qui concerne le minimum de l'emprisonnement. (V. *Tableau des Contr., p.* 16. *Circ. du* 16 *mai* 1856, *n°* 379.)

Barbe et Cheveux. Est obligatoire le port de la moustache et de la mouche. Les cheveux doivent être coupés courts, surtout par derrière. (*L. C. du* 25 *janvier* 1882, *n°* 553.)

Agents des brigades ambulantes. Peuvent porter la barbe entière. (*Déc. du* 10 *sept.* 1887.)

Bâtiments de l'Etat. Passage gratuit. V. ces mots.

Bâtiments. *Du droit de visite, Opérations, etc. Art.* 7 *à* 11, *titre* XIII, *de la loi du* 22 *août* 1791. *Loi du* 4 *germinal an* II, *art.* 1, *à* 10. *Tabl. des Cont.*, *p.* 119-120, 126 et 127. (V. *circ. du* 27 *janvier* 1840, *n°* 1793.)

Les bâtiments de guerre étrangers ne sont pas soumis à la visite. (*Circ. du* 27 *mars* 1840, *n°* 1803.)

Baux. Un projet est d'abord établi sur papier libre. (*L. C. du* 3 *juin* 1876.)
Clauses à insérer. Au sujet des contributions des portes et fenêtres. (*Circ. du* 22 *octobre* 1835, *n°* 1511 ; *circ. du* 25 *mars* 1889, *n°* 1969.) *Cas d'incendie.* (*Circ. du* 5 *sept.* 1843, *n°* 1986.) *Clause de résiliation.* En cas de suppression ou de déplacement de la brigade, le bail pourra être résilié sans autre indemnité que le payement du trimestre commencé, nonobstant tout usage local. (*Déc. du* 12 *sept.* 1851.)

Les frais de timbre sont à la charge du propriétaire. L'indiquer.

Enregistrement. Est gratis.

Pour tout loyer au nom de l'administration, il est exigé un bail écrit. (*Circ. du* 14 *févr.* 1833, *n°* 1373, § 4.)

Les baux sont approuvés par le Directeur, l'Administration ou le Ministre. Voir les différents cas. (*Circ. du* 3 *sept.* 1896, *n°* 2715.)

Bestiaux (V. *Tableau des Contr.*, *p.* 42, 43, 158 *à* 160; *circ. du* 11 *août* 1887 ; *décr. du* 25 *mai* 1895, *déc. des* 20 *août* 1887, 13 *juin* 1856 ; *circ. du* 15 *sept.* 1860, *n°* 685 ; *Cass.*, 9 *mai* 1843, 18 *juin* 1839.)

Les chevaux ne sont pas considérés comme bestiaux.

Les bestiaux et chevaux sont assujettis en tout temps à une visite sanitaire à leur entrée en France. (*Loi du* 21 *juin* 1898, *circ. du* 2 *juill.* 1898, *n°* 2940. V. *circ. du* 6 *nov.* 1896, *n°* 2737, *p.* 14 *à* 29. V. *circ. du* 6 *févr.* 1895, *n°* 2500.)

Compte ouvert des bestiaux. Excédents constatés en temps de prohibition sanitaire : appliquer le n° 110 du Tableau. des Contr., et non la loi de 1816. (*Déc. du* 12 *sept.* 1903.)

V. Pacages.

Beurre-Margarine. *Répression des fraudes.* (*Circ. du* 5 *févr.* 1902, *n°* 3220 ; *circ. du* 17 *avril* 1897, n° 2794. *Loi du* 16 *avril* 1897 ; *circ.* 2847 *du* 12 *nov.* 1897 ; *décr. du* 9 *nov.* 1897.)

Commission donnée à tous les agents des Douanes. Gratifications de 25 fr. par condamnation. (*Circ. du* 15 *oct.* 1898, *n°* 2972.)

Inspecteurs régionaux. Les agents doivent leur concours à ceux-ci. (*Circ. du* 18 *avril* 1902, *n°* 3245.)

Bicyclettes. V. VÉLOCIPÈDES.

Blanc de céruse. Interdiction de son emploi pour les travaux de peinture au compte des administrations. (*Déc du* 8 *oct.* 1902.)

Blanchiment des casernes. Doit être renouvelé au moins une fois par an. (*Circ. du* 15 *janv.* 1901, *n°* 3152.)

Blanchissage des draps de lit des célibataires casernés ou en chambrées. Etat trimestriel à fournir. (*Déc. du* 18 *avril* 1890.)

Blessures en service. V. ACCIDENTS.

Bonnet de police. Le port est facultatif et limité aux services de corvée dans l'intérieur des casernes. (*Déc. du* 12 *nov.* 1900.)

Boissons aux frontières.

Arrangements avec le Luxembourg. (*Circ. du* 3 *oct.* 1902, *n°* 3283.)
— — l'Allemagne. (*Circ. du* 4 *avril* 1902, *n°* 3235.)
— — la Suisse. (*Circ. du* 30 *sept.* 1896, *n°* 2722.)

Boissons à l'intérieur. (*Loi des Cont. ind. du* 29 *déc.* 1900 ; *circ. du* 30 *déc.* 1900, *n°* 3146.) Droits de circulation : vins, 1 fr. 50 par hectolitre ; cidre, poirés, hydromels, 0 fr. 80. (*Même circ.*)

Carnets 6 *B et Bulletins* 6 *C*. Sont fournis par la régie. Les bulletins 6 C ne sont produits que pour les congés et mensuellement. (*Déc. du* 14 *juin* 1885.) V ORDINAIRE. (V. *Circ. du* 11 *févr.* 1841, *n°* 1842 ; *circ. du* 26 *avril* 1843, *n°* 1967). Loi du 28 avril 1816, art. 18. (*Indir.*)

Les voyageurs peuvent circuler librement avec 3 bouteilles de vin par personne ; mais, en cas d'importation, ils devraient payer les droits de douane, (*Circ. du* 24 *févr.* 1896, *n°* 2645, *p.* 4.) V. *Tabl. des Contr.*, *p.* 87.

Bouteilles jetées en mer et renfermant des papiers. Doivent être remises sans retard aux agents de la marine. (*Déc. du* 21 *août* 1835.)

Brigadiers buralistes. Conditions dans lesquelles ces agents effectuent les opérations comptables. (V. *L. C. n°* 564, *du* 18 *avril* 1882.)

Brigadiers. Leurs obligations. (*Circ. du* 30 *janv.* 1817, *n°* 247.)

Nomenclature des états qu'ils ont à produire. (*Déc. du* 18 *juill.* 1901.)

Doivent faire parvenir sur-le-champ et par correspondance extraordinaire les télégrammes qu'ils reçoivent des directeurs pour les receveurs placés dans des localités où il n'existe pas de service télégraphique. (*Circ. du* 20 *juin* 1898, *n°* 2936.) V. PREMIÈRE MISE.

Bulletin individuel, concernant un préposé ou matelot ayant accompli sa première année de service. Est fourni pendant le mois qui suit l'année d'épreuve (Modèle d'état). (*L. C. n*° 627, *du* 22 *nov.* 1882.)

Bureaux. Le service devant les bureaux n'a plus à poser cette question aux voyageurs : « N'avez-vous rien à déclarer », mais celle-ci : « Veuillez faire votre déclaration ». (*Circ. du* 9 *juill.* 1898, *n*° 2943.)

V. CHEMIN DIRECT, DÉTACHEMENT D'AGENTS.

Contentieux. Les marchandises saisies devront, autant que lescir constances le permettront, être conduites au plus prochain bureau. (*Loi du* 9 *floréal an VII*, *art.* 2.) En cas de force majeure, il peut donc être dérogé à cette règle, mais il faut en indiquer les motifs dans le procès-verbal. (V. *circ. du* 14 *déc.* 1817, *n*° 351.)

La distance du lieu de la saisie au plus prochain bureau est calculée non à vol d'oiseau, mais par le plus ou moins de temps qu'il faut pour s'y rendre. (*Circ. du* 8 *août* 1811.)

Cette prescription n'est pas applicable aux saisies effectuées en dehors du rayon à la suite d'une poursuite à vue. (*Cass.*, 8 *thermidor an VIII.*)

Heures d'ouverture	Du 1er avril au 30 sept, de 7 h. du matin à midi et de 2 à 7 h. du soir.
	Du 1er oct. au 31 mars, de 8 h. du matin à midi et de 2 à 6 h. du soir.

Bureaux d'ordre. Allocations pour loyer : 24 francs ; pour chauffage et éclairage : 12 francs. (*L. C. du 8 oct.* 1891, *n*° 998.)

Sont nettoyés à tour de rôle par les préposés. Corvée à inscrire au registre de travail. (*Déc. du* 6 *avril* 1901.)

C

Cabarets, Cafés, Brasseries. Interdiction de les fréquenter, sauf le cas où un service lointain amène les agents à pourvoir à leur besoin. (*Circ. du 8 déc.* 1804.) En dehors du service, cette interdiction ne saurait être regardée comme tellement absolue, qu'aucune exception ne puisse être tolérée. Ce que l'Administration a entendu empêcher, ce sont les mauvaises habitudes, le penchant à la boisson. (*Note ad. du* 19 *déc.* 1835.)

Cabotage. (V. *Tabl. des Contr.*, *p* 43 *à* 45, 111, 112, 124, 141, 142.)

Cadavres trouvés sur le littoral. Il doit en être donné avis au juge de paix et à l'Administration de la marine. (*Circ. du* 18 *janv.* 1793. *Déc. des* 11 *sept.* 1847 *et* 23 *avril* 1884.)

Campement. Ingrédients à employer pour sa conservation. (*Déc. du* 27 *nov.* 1901.) (V. *L. C. n°* 832, *du* 7 *avril* 1886.)

Capitaines. Leurs obligations. (V. *Circ. du* 30 *janv.* 1817, *n°* 247.)

Sont montés en temps de guerre. Doivent porter les éperons pour la grande tenue. Il en est de même des lieutenants adjudants-majors (*Guerre*, 11 *août* 1903.) (*L. ad. du* 28 *sept.* 1903.)

V. Congés.

Capotes des factionnaires. Sont fournies sur les fonds du matériel. (*Déc. du* 11 *avril* 1904.)

Cartes à jouer. Sont prohibées d'une façon absolue. En cas de fraude, il est toujours rédigé à la requête des Contributions indirectes, même à l'importation. Les cartes à jouer pour enfants sont considérées comme bimbeloterie. (*Loi du* 11 *janv.* 1892 ; *circ. du* 26 *nov.* 1840, *n°* 1839 ; *circ. du* 29 *janv.* 1875, *n°* 1256 ; *Tabl. des Contr.*, *p.* 88, *n°* 275 ; *circ.* 2032.)

Cartouches. V. Armement.

Casernement. *Entretien*. Pour les casernes louées, les réparations locatives sont à la charge des fonds de masse. V. Pallain, tome II, p. 392. V. Code Civil, art. 1731, 1754 et 1755. (*Blanchiment, peinture*, etc...) Le grattage et le lessivage des peintures font partie des corvées. (*Déc. du* 26 *juill.* 1844.)

Réparations au compte du propriétaire. (V. *Code civ.*, *art.* 605, 606, 1719 *et* 1720.)

Impôts des portes et fenêtres. Les agents casernés en sont exonérés, sauf les officiers (*pour ceux-ci, voir* Baux). (*Circ. du* 5 *oct.* 1843, *n*° 1988 ; *circ. du* 25 *mars* 1889.)

Employés célibataires. Fourniture gratuite des objets mobiliers. (*Circ. du* 3 *nov.* 1838, *n*° 1718.)

Le renouvellement des articles de verrerie, faïence ou poterie, reste à la charge des agents, ainsi que l'étamage des gamelles et l'achat des outils de jardinage. (*Déc. du* 26 *mai* 1863.) (*L. au Directeur à Bayonne du* 17 *déc.* 1839.) V. Blanchissage des draps.

Mariage. Si la situation de casernement ne permet pas d'affecter des logements aux agents qui viennent à se marier, on peut autoriser ceux-ci à loger provisoirement en ville, s'ils en font la demande ; alors ils ne paient pas de casernement. (*Déc. du* 25 *nov.* 1897.)

Hygiène. Mesures à prendre pour les désinfections. (*Circ. du* 15 *janvier* 1901, *n*° 3152.) V. Blanchiment. Blanc de céruse.

Distribution des logements. Est faite suivant les besoins de chacun, et à besoins égaux, suivant l'ancienneté d'arrivée au poste. (*Circ. du* 3 *nov.* 1838, *n*° 1718, *p.* 2.)

Les agents ne peuvent être dispensés de loger en caserne, à moins que la place ne fasse défaut. (*Déc. du* 7 *juin* 1884.)

Retenues de casernement. Les agents en congé ou à l'hôpital sont soumis à la retenue. (*L. C. du* 19 *févr.* 1891, *n*° 985.)

N'est pas soumis à la retenue l'agent qui n'habite pas effectivement à la caserne. (*Déc. du* 7 *juin* 1884.)

Indemnités de résidence ou de tournées. Sont sujettes à retenue. (*Déc. du 25 fév.* 1892.) V. SERVICE DE SANTÉ.

V. MASSES.

Casier judiciaire. V. RECRUTEMENT.

Ceinture de flanelle. Le gratuité de cet objet n'est accordée à un même agent que pour la 1re fourniture. (*Déc. du 5 juill.* 1893.) Les ceintures de flanelle usées ou perdues doivent donc être remplacées aux frais des agents.

Tous les hommes inscrits sur les contrôles militaires doivent en être pourvus dès le temps de paix. (*L. C. n°* 1031, *du* 17 *mars* 1893.)

Ceinture de revolver. Est livrée gratuitement avec l'étui. (*Déc. du* 20 *avril* 1896.)

Cérémonies publiques. V. CONVOCATIONS.

Changement pour les colonies. V. RECRUTEMENT.

Changement de direction. Peut être obtenu après deux ans de service. (*Circ. du 2 déc.* 1897, *n°* 2857.)

Permutations consenties par les chefs respectifs des intéressés. Aucun délai n'est exigé. (*Déc. du* 29 *juin* 1903.)

Agents admissibles au grade de sous-brigadier ou brigadier. Doivent prendre rang à la suite du tableau d'avancement de leur nouvelle direction. (*Déc. du* 28 *nov.* 1902.)

Pour la Direction de Paris. Les candidats doivent pouvoir faire le service d'écor.

Epreuve d'une dictée. (*L. ad. du* 11 *févr.* 1886 ; *L. du Directeur à Paris du* 18 *mai* 1897.)

Chasse. Est interdite aux agents jusqu'au grade de brigadier inclusivement. (*Circ. du* 16 *avril* 1844, *n°* 2019.)

Les agents des Douanes n'ont pas qualité pour constater les délits en matière de chasse. (*Circ. du* 30 *juin* 1844, *n°* 2028 ; *Loi du* 3 *mai* 1884.) V. Tabl. des Contr., p. 94, Vente, Achat, etc.)

Chaussures de grande tenue. C'est le brodequin napolitain. Chaque agent doit en avoir une paire en bon état. Sa description. (*L. C. du* 5 *août* 1885, *n°* 802.)

Chemin direct dit de bureau. Les agents en service sur la route du bureau doivent se borner à s'assurer que les importateurs se rendent au bureau. (*Déc. du* 20 *sept.* 1841.)

Chemins de fer. *Demi-place.* (*Circ. des* 15 *mars* 1898, *n°* 2890 ; 28 *oct.* 1897, *n°* 2844 ; 21 *sept.* 1897, *n°* 2839.) Des formules doivent être déposées dans chaque poste pour être distribuées en cas d'urgence. (*Déc. du* 9 *juin* 1898.)

Lignes sur lesquelles la demi-place n'est pas accordée dans l'Est. (*L. ad. du* 6 *avril* 1898.)

Quart de place. Chemins de fer de l'Etat. Pour l'obtenir, envoyer une demande appuyée par un chef supérieur ou par les officiers à la Direction de la Compagnie, 42, rue de Châteaudun, Paris. (*Déc. du 4 déc.* 1896.)

Libre parcours. Faculté pour les officiers de voyager en première classe. Les intérimaires (*brigadiers*) ne doivent voyager qu'en seconde classe, bien qu'ils soient porteurs de la carte du titulaire.

Il est délivré aux intéressés par les directeurs une pièce attestant :

1° Leur qualité réelle ; 2° celle de l'agent remplacé ; 3° la durée de l'intérim. (*Déc. du* 5 *mai* 1894.)

V. TRANSPORT.

Marchandises de contrebande découvertes dans un train arrêté devant le 1er *bureau d'entrée.* L'art. 3 de la loi du 2 juin 1875 n'est pas applicable. (*Cass.* 18 *sept.* 1902, 5 *avril* 1900.)

Chevaux. *Signalement.* (*Circ. du* 22 *sept.* 1840, *n°* 1833. V. *Circ. du* 15 *avril* 1898, *n°* 2898.)

V. *Règlement du* 18 *juin* 1846, *art.* 1er, *Circ.* 2117. Le bénéfice de ce règlement peut être refusé aux étrangers s'occupant de contrebande. (*Déc. du* 21 *sept.* 1846 ; *circ. du* 6 *fév.* 1895, *n°* 2500, *p.* 1 *et* 2.) V. *déc. du* 16 *déc.* 1902.

V. ATTAQUE DE VOITURES. V. BESTIAUX.

Chiens de service. *Porte d'un chien de service* (1). Une indemnité peut être allouée sur les crédits du matériel. (*Déc. du* 25 *nov.* 1867.)

Les agents ne peuvent se défaire des chiens définitivement admis qu'avec l'autorisation de leurs chefs. (*Déc. du* 15 *juil.* 1841.)

Chiens fraudeurs. Les chiens de forte race sont prohibés à la sortie. (*Loi du* 11 *janvier* 1892. *Tarif, tableau B.*)

(1) Le fait doit être mentionné au registre de travail. L'indemnité est habituellement de 25 francs. On la paie aussi pour des chiens empoisonnés par les contrebandiers. Alors l'autopsie de ces animaux est faite par un vétérinaire, lequel produit un certificat.

Sont considérés comme tels ceux qui mesurent 0 m. 325 ou plus au milieu de l'échine. (V. *circ. du* 28 *juill.* 1896, *n°* 2701, *p.* 151.)

V. *Tableau des Contr.*, *p.* 35 *et* 36. V. Abatage, Primes

Ce n'est pas au premier bureau d'entrée, mais au second bureau d'entrée (qui est le premier bureau de sortie) que doivent être présentées les marchandises à l'exportation et notamment les chiens, etc. (*Douai*, 22 *juin* 1897.)

Circulaires. V. Abonnement.

Circulation dans le rayon. V. Rayon, Entrepôts.

Citation des prévenus. Est obligatoire dans le procès-verbal de la compétence du Juge de paix. Est gratuite. (*Loi du* 9 *floréal an VII*, *art.* 6. *Pand. Franç.*, *n°* 3307.) Ne peut être donné par le procès-verbal aux personnes civilement responsables. (*Douai*, 31 *août* 1832.)

En matière correctionnelle, le prévenu n'est plus cité, on lui déclare qu'il sera assigné, etc. (*Déc. du* 29 *juill.* 1903.)

Clairons. Organisation militaire. (V. *L. C. du* 11 *juin* 1875, *n°* 247.)

Classement des dossiers. (V. *circ. du* 3 *oct.* 1840, *n°* 1836.)

Commission d'emploi. Les agents en service doivent en être porteurs. Ils sont tenus de la représenter à toute réquisition. (*Loi du* 22 *août* 1791, *titre XIII*, *art.* 16.) En cas de changement de direction, l'acte de serment est retranscrit. (*Loi du* 21 *avril* 1818, *art.* 65.)

V. Démissionnaires, Révoqués, Serment.

Commissions scolaires. Les officiers, sous-officiers et préposés doivent s'abstenir d'en faire partie. (*Déc. minist. du* 10 *janv.* 1883.)

Communes. Sont responsables de certains délits. (*Rec. méth.*, *p.* 72 *à* 74. *Tabl. des Contr.*, *p.* 79.)

Compétence des tribunaux. (*Rec. méth., p.* 28, 29, 33 *à* 35, 43, 44, 79 *à* 84.)

Les tribunaux sont incompétents pour connaître d'une action en dommages-intérêts intentée à l'administration des Douanes en raison d'une prétendue faute commise par un agent dans l'exercice de ses fonctions. (*Tribunal des conflits*, 31 *juill.* 1875.)

Complices de contrebande. Peuvent être condamnés, bien que l'auteur principal soit resté inconnu. (*Cass.*, 24 *sept.* 1852.) V. ECLAIREURS.

Comptabilité. V. APPOINTEMENTS, HÉRITIERS, INDEMNITÉS, MASSES, QUITTANCES, SAISIE-ARRÊT.

Compte ouvert. V. BESTIAUX, POLICE DU RAYON.

Compte ouvert des grains. (*V. L. ad. du 18 juin* 1902.)

Concordats. Sont interdits pour le travail rétribué (*Décr. du* 20 *mai* 1876) et pour le partage des sommes provenant des saisies. (*Circ. du* 11 *janv.* 1890, *n°* 2003.)

Concours. V. AVANCEMENT.

Concours à d'autres administrations. A la Gendarmerie. (*L. ad. du* 5 *août* 1903, *décr. du* 20 *mai* 1903.) Aux Contributions Indirectes. Enregistrement et Domaines. Postes, Ponts et Chaussées. Ministère public. (*V. Tabl. des Contr.*, *p.* 82 *à* 102, *nota p.* 102. *Circ. du* 21 *sept.* 1896, *n°* 2720.)

V. SURETÉ GÉNÉRALE. V. BEURRES.

Conférences. Du brigadier avec ses collègues des brigades limitrophes, tous les huit jours. Du lieutenant avec ses collègues des divisions limitrophes, deux fois par mois Du capitaine, une fois par mois. (*Déc. du* 31 *déc.* 1849.)

Conférences sur les devoirs professionnels. L'Administration partage la manière de voir du directeur à Besançon, prescrivant de faire chaque mois des conférences aux brigades, d'après les thèmes donnés par les inspecteurs. (*L. ad. du* 7 *déc.* 1895.)

Confiscation des marchandises saisies. Les objets de fraude qui ont échappé aux saisissants doivent néanmoins être confisqués. (*Cass.*, 17 *août* 1849, 19 *août* 1858.)

Il en est de même des moyens de transport.

Congés. *Calcul de la durée des absences.* La durée des absences se calcule en prenant pour point de départ le lendemain du dernier jour de travail. Le jour du départ compte, celui de la rentrée ne compte pas. (V. *circ. du* 11 *mai* 1854, *n°* 205, *p.* 5.) (1)

Un agent partant en congé de 15 jours le 1er du mois doit faire constater sa rentrée le 16 et reprendre son service le 17. Les jours de congé se comptent de minuit à minuit. Si donc un préposé termine sa garde à 6 heures du matin, la journée lui est acquise comme jour de service, et son congé ne part que du lendemain. (*Déc. du* 22 *nov.* 1899.) (*Delandre-Doussin, n°* 120, *p.* 251.)

Chaque mois comptant pour 30 jours, les agents peuvent bénéficier d'une journée ou en perdre une ou deux (*mois de* 31 *jours, mois de février*) quand la fin du mois se trouve comprise entre la date du départ et celle de la rentrée. (V. *Circ. n°* 205.)

Congés périmés. Tout congé qui n'a pas été notifié dans les 2 mois de sa date est périmé. Est également périmé tout congé dont il n'a pas été fait usage dans les 15 jours de la notification. (*Circ. n°* 205.)

Conditions de solde, etc., etc. V. *L. C. du* 9 *mars* 1875, *n°* 233. V. *circ. du* 26 *août* 1886, *n°* 1796. *Circ.* 205. *Déc. du* 9 *nov.* 1853, *art.* 16.

Un congé de 15 jours pour affaires peut être accordé sans perte d'appointements dans le cours de chaque année, pourvu que la rentrée de congé de

(1) Ces instructions sont souvent mal interprétées.

l'agent, bien que ne remontant pas à 360 jours, soit antérieure au 1er janvier de l'année courante. (*Déc. du* 17 *août* 1861.)

Dans les autres cas, le délai nécessaire se compte pour sa durée effective ; ainsi, pour pouvoir obtenir un congé d'un mois sans perte, il faut que 3 années consécutives (36 *mois ou* 1080 *jours*), entièrement accomplies, se soient écoulées depuis le jour de la rentrée du dernier congé pour affaires jusqu'au jour de la demande. (*Déc. du* 16 *févr.* 1867.)

Les congés de maladie sont absolument distincts des congés pour affaires. (*Circ. du* 18 *sept.* 1884, *n°* 1687.)

Congés de plus de 15 jours pour affaires portant sur deux années. (V. *Déc. du* 11 *janv.* 1900.)

A l'égard des agents ayant été en interruption de service pour satisfaire à la loi de recrutement, le temps passé sous les drapeaux compte dans le calcul des trois années voulues pour obtenir un congé de 30 jours pour affaires. (*Déc. du* 29 *déc.* 1888.)

Sont affranchies de toutes retenues, les absences ayant pour cause l'accomplissement d'un des devoirs imposés par la loi. (*Décr. du* 9 *nov.* 1853, § 6.)

Il peut être fait usage des congés à la résidence. (*Déc. du* 30 *juill.* 1902.)

Congés de maladie. Instructions. (*L. C. du* 10 *avril* 1886, *n°* 833. *L. ad. des* 20 *avril et* 5 *août* 1901, 19 *juin* 1902. *Décr. du* 9 *nov.* 1853, §§ 7 *et* 8.)

Indisposition. Durée de l'interruption de service au delà de laquelle il faut demander un congé. Est réglée par les chefs locaux. (*L. C. n°* 870, *du* 2 *mai* 1887.) L'effet du congé doit remonter au jour même de la cessation effective des fonctions. (*Déc. du* 21 *mai* 1904.)

Quand, par suite d'indisposition, un lieutenant ou sous-lieutenant interrompt son service pour quelques jours, le capitaine doit multiplier son contrôle sur les divers postes de la subdivision. (*Déc. du* 31 *mai* 1889.)

Agents annotés. (V. *Règl. du* 8 *juin* 1896.)

Capitaines. L'Administration doit être prévenue de leur départ en congé. (*Déc. du* 29 *avril* 1903.)

Règle suivie pour la concession des congés et permissions. (V. *Déc. du* 25 *avril* 1904.)

V. Appointements.

Contentieux. V. ACTES D'HUISSIERS, AFFIRMATION, ALLUMETTES, ASSUREURS, ATTROUPEMENTS, ARRESTATION, BESTIAUX, BEURRES, BUREAUX, CABOTAGE, CARTES, CITATION, COMMUNES, COMPLICES, CONCORDATS, CONFISCATION, CONTRAINTE, CONTRAVENTIONS, CRIMES, ECLAIREURS, ENREGISTREMENT, ENTREPOTS, EXPORTATION, FAUX, FLAGRANT DÉLIT, FORESTIERS, FOURRIÈRES, GARES, IMPORTATION, INTERLIGNES, MARCHANDISES, MILITAIRES, MONNAIES, OPPOSITION, POLICE DU RAYON, POUDRES, POURSUITE A VUE, PRIMES, PROCÈS-VERBAUX, PROPRIÉTAIRES, RAYON, RÉPARTITIONS, RESPONSABILITÉ, SACCHARINE, TABACS, TABLEAU DES CONTRAVENTIONS, TENTATIVE, TRANSPORT, VISITES, VOITURES, CHEMIN DE FER, PACAGES, SAISIES.

Contrainte. V. *Rec. méth.*, n°s 51, 60, 64, 131, 134, 177, 193 *à* 199, *et p.* 106. *Circ. du* 14 *oct.* 1867. *n°* 1073. *Déc. du* 24 *sept.* 1903.

Le débiteur ne pourra être arrêté :

1° Avant le lever et après le coucher du soleil ;

2° Les jours de fête légale ;

3° Dans les édifices consacrés au culte, et pendant les exercices religieux seulement ;

4° Dans le lieu et pendant la tenue des séances des autorités constituées ;

5° Dans une maison quelconque, même dans son domicile, à moins qu'il n'en eût été ainsi ordonné par le juge de paix du lieu, lequel juge devra, dans ce cas, se transporter dans la maison avec l'officier ministériel, ou déléguer un commissaire de police. (*Code de procédure civile*, titre XV, art. 781.)

Contraventions. V. *Rec. méth.*, n°s 61 à 81, 84.

En cas d'absence ou de nullité du procès-verbal, les contraventions peuvent, de même que les délits, lorsqu'elles ne remontent pas à plus de 3 ans, être prouvées par témoignage. (*Circ. du* 17 *mai* 1897, *n°* 2803. *Loi du* 29 *mars* 1897, *art.* 57.)

Contrebande. V. ATTAQUES, CHIENS, FRANCHISE TÉLÉGRAPHIQUE, GARES, MINUTIES, RAPPORT, TENTATIVE DE CORRUPTION.

Contre-rebat. Le contre-rebat est un contrôle, non une répétition du rebat. Aussi s'accomplit-il habituellement sur un itinéraire autre que celui suivi par le rebatteur. Ce service doit être confié au sous-officier qui a été de repos. (*Déc. du* 12 *déc.* 1855.)

Contributions. Les agents, jusqu'au grade de brigadier inclus, peuvent, à titre de concession, ne pas être inscrits sur les rôles des contributions personnelles et mobilières et des prestations en nature. (*Déc minist. du* 22 *févr.* 1833.) Mais l'Administration n'a pas à intervenir à ce sujet. C'est aux chefs locaux à prier MM. les préfets et les directeurs des Contributions indirectes d'en faire obtenir le bénéfice aux préposés lors des opérations des comités de répartition. (*Déc. du* 4 *nov.* 1854.) (1).

L'intervention des chefs locaux a pour but de prévenir l'inscription ; mais si celle-ci a eu lieu, il n'appartient qu'aux intéressés de présenter individuellement leur réclamation. (*Annales de* 1904, *n*° 136.)

Impôts des portes et fenêtres. Les sous-officiers et préposés casernés en sont exempts. (*Circ. du* 25 *mars* 1889, *n*° 1969.)

Contributions indirectes. V. CONCOURS.

Convocations aux cérémonies du culte. Ne peuvent émaner que de l'autorité civile, c'est-à-dire du préfet dans le chef-lieu du département, du sous-préfet pour le chef-lieu d'arrondissement, et du maire pour les autres communes. (*Déc. du* 17 *janv.* 1881.)

(1) Voici ce que dit une Lettre administrative du 5 août 1833 : « Le Ministre des Finances, sur le rapport du Directeur général des Contributions indirectes, a décidé, le 22 février 1833, que la disposition de la loi du 21 avril 1832, art. 14 (Contribution personnelle et mobilière), *n'était pas applicable aux agents des Douanes qui, jusqu'au grade de brigadier inclusivement, devaient être exempts des contributions personnelle et mobilière, à moins qu'ils n'eussent quelque propriété ou une habitation fixe.* »

Correspondance. Les capitaines doivent tenir un registre d'arrivée et de départ. Leur tenue par les lieutenants n'a point paru indispensable, parce que la trace de la correspondance de ces agents se rétrouve suffisamment dans les inscriptions aux registres de travail et d'événements. (*Circ. du* 3 *oct.* 1840, *n°* 1836.)

V. ADMINISTRATION, FRANCHISE POSTALE.

Correspondance officielle, *adressée aux ministres, officiers, fonctionnaires, et entre les chefs et employés de l'Administration.*

Débuter comme suit : Le .... (*qualité de l'auteur de la lettre*), à *Monsieur* le.......... (*qualité du destinataire*) à .... (*résidence*) et clore simplement par la signature. (*Déc. du* 25 *avril* 1903.)

V. RAPPORTS.

Corruption (*Tentative de*). V. TENTATIVE.

Courriers des Postes. (V. TABL. DES CONTR., p. 41, n° 106, p. 128.) V. VISITES.

Courroies de capote ou de sautoir. Les agents doivent en être pourvus. (*L. C. du* 17 *mars* 1893.)

Crimes. (V. *Rec. méth.*, n°s 119 à 125.)

D

Décès. V. Appointements, Hopitaux.

Décorations. Description. (*L. ad. du* 11 *déc.* 1899.)

Défenses et restrictions. Les agents ne peuvent se livrer à aucun commerce. Il en est de même de leurs femmes. (*Déc. minist. du* 20 *avril* 1897.) V. Absences, Cabarets, Chasse, Commissions scolaires, Pêches, Récompenses, Révocations.

Ils ne peuvent faire partie des syndicats agricoles (*Déc. du* 10 *mai* 1904) ni des sociétés de gymnastique ou autres similaires. (*Déc. du* 13 *février* 1904.)

Délits. V. Compétence.

Demi-place. V. Chemin de fer.

Demi-soldiers. V. Appointements, Avancement, Casernement, Exécution du service, Indemnités de résidence, Masses, Médaille douanière, Tirs a la cible, Organisation militaire, Recrutement.

Démissionnaires, Révoqués. Doivent rendre leurs commissions. (*Loi du* 22 *août* 1791, *titre XIII*, *art.* 24.)

Seul, le Directeur est habile à recevoir définitivement la démission des agents à sa nomination. (*Circ. des* 14 *oct.* 1822, *n°* 759, *et* 8 *févr.* 1833, *n°* 1372.)

Il faut l'autorisation de l'Administration pour les replacer. (*Circ. du* 15 *févr.* 1817, *n°* 250.)

V. Masses pour les retenues a faire. V. Dettes.

Déplacements. V. Indemnités.

Déserteurs arrêtés. Sont conduits à la brigade de gendarmerie la plus voisine par les préposés, qui demandent une copie du procès-verbal que le commandant doit rédiger en leur présence. (*Circ. du* 20 *févr.* 1811. *Delandre, n°* 81.)

V. Primes.

Détachements d'agents des brigades dans les bureaux. L'assentiment de l'Administration est nécessaire. (*L. C. du* 7 *avril* 1882, *n°* 562.)

Dettes. Si le préposé démissionnaire ou révoqué a un actif de masse plus élevé que celui qu'il doit abandonner aux termes de l'art. 34, et qu'il ait contracté des dettes pour logement ou nourriture, le capitaine pourra les acquitter jusqu'à concurrence de la somme excédant le montant du prélèvement. (*Règl. de* 1815, *art.* 41.)

V. Saisie-arrêt.

Devis, Relevés, Mémoires, Marchés. *Instruction.* (*Circ. du* 17 *janv.* 1825, *n°* 897, *4e et 5e page.*)

Dépenses de 200 francs et au-dessous. Sont autorisées par les Directeurs. (*Circ. du* 18 *oct.* 1886, *n°* 1802.)

Achats, réparations, travaux, transports dont la valeur n'excède pas 1500 francs. Fournir un relevé énonciatif sur papier libre, et ensuite un mémoire sur timbre. (*Circ. du* 14 *févr.* 1883, *n°* 1598 ; *Décr. du* 18 *nov.* 1882, *portant au classement la date du* 14 *fév.* 1883.)

Dépenses de 10 francs et au-dessous. Fournir un simple relevé, arrêté par le capitaine au lieu de l'être par le fournisseur, et n'ayant pas la forme d'un mémoire ; autrement cette pièce tomberait sous le coup de la loi du 13 brumaire an VII, qui soumet au timbre, non pas le chiffre de la dépense, mais la forme de l'acte. (*Circ.* 1598.)

Date de production. Les devis généraux doivent parvenir à l'administration le 30 avril au plus tard. (*Circ. du* 18 *oct.* 1886, *n°* 1802 ; *Déc. du* 13 *juin* 1904.) V. *Déc. du* 23 *avril* 1903.

Marchés. Tout devis au-dessus de 1500 francs constituera un marché et sera somis à la formalité du timbre et de l'enregistrement. (*Circ.* 1598.)

Un devis (*bien qu'inférieur à* 1500 *francs*) portant soumission ou engagement de la part de l'entrepreneur ou du fournisseur aurait le caractère d'un marché et devrait être enregistré. (V. *Circ. Compt.* 25 *juill.* 1878 ; *Déc. du* 25 *juin* 1884.)

Indiquer le diamètre et le poids des tuyaux de poêle (*Déc. du* 9 *mars* 1838), le poids des objets en fer et leur valeur au kilog. (*Déc. du* 8 *nov.* 1845.) Les travaux de maçonnerie sont évalués au mètre et non à la journée. (*Déc. du* 8 *nov.* 1838.)

Embarcations. Voiles. Enoncer les dimensions, le nombre de mètres de toile et le prix du mètre. (*Déc. du* 14 *mars* 1833.)

On ne doit pas comprendre sur un même devis des immeubles et des embarcations ou autres objets mobiliers. (*Déc. du* 25 *mai* 1839.)

Objets réformés. Les devis indiquent que ces objets seront soit livrés aux domaines (ou vendus à leur profit), s'ils ont été achetés au compte de l'Etat, soit vendus au profit de la masse, quand ils proviennent de ces fonds. (*Déc. du* 5 *juill.* 1871.)

Embarcations. Les constructions doivent faire l'objet de devis spéciaux énonçant le tonnage. (*Déc. du* 14 *juill.* 1835.) On y joint les procès-verbaux dressés pour les embarcations hors d'usage. (*Déc. du* 31 *déc.* 1824.) En cas de remplacement d'embarcations, il faut indiquer que les nouvelles seront pourvues des agrès, etc., affectés aux embarcations réformées, et reprendre pour mémoire à l'inventaire le détail de ces objets. (*Déc. du* 10 *août* 1870.) V. Embarcations.

Fournitures premières. Dans la lettre d'envoi des devis, on doit expliquer les motifs de ces demandes. (*Déc. du* 28 *août* 1868.)

Certificats des chefs locaux sur les mémoires ou relevés. Doivent indiquer la date du commencement et de l'achèvement des travaux ou livraisons. (*Déc. ad. du* 24 *avril* 1880 ; *Circ. Compt.*, 18 *juin* 1852 ; *Circ. du* 4 *avil* 1834, *n°* 1436.)

Mémoire collectif. Plusieurs fournisseurs peuvent se réunir pour ne présenter qu'un seul mémoire. (*Circ. Compt.* 29 *juill.* 1858.)

V. *Circ. du* 3 *oct.* 1896, *n°* 2723 ; *décr. du* 17 *sept.* 1896 ; *déc. du* 3 *sept.* 1896.
V. Inventaires, Quittances.

Discipline. (V. *Règl. du* 8 *juin* 1896; *circ du* 20. V. Interrogatoire.)

Disponibilité. La mise en disponibilité est une mesure administrative dont l'effet est de placer les agents qui en sont l'objet en retrait momentané d'emploi, tout en les laissant à la disposition du service dont ils dépendent. (*Déc. minist. du* 29 *mai* 1873.)

Elle peut être infligée par *mesure disciplinaire* (v. *art.* 7 *du Règl. du* 8 *juin* 1896 ; *circ. du* 20) ou demandée pour cause de santé seulement. (*Déc. du* 12 *févr.* 1903.) A l'expiration de la période de congé de 6 mois dont un agent peut bénéficier au cours d'une année en vertu du § 7, si celui-ci ne peut reprendre son service et n'a pas droit à pension, on devra l'inviter à formuler une demande écrite. De la sorte, plus tard, s'il reprend du service, il ne perd pas ses titres à la majoration pour les années de service au delà de la 15e. (*Déc. du* 12 *févr.* 1903.)

Pour ceux dont l'invalidité ne serait pas établie, et qui renonceraient à leur emploi, il y aurait lieu de les considérer comme démissionnaires ou de prononcer leur licenciement. (*Même déc.*)

Retenue du premier douzième. L'agent qui vient à être réintégré ne la subit pas, mais son temps d'interruption ne compte pas pour la retraite. (*Circ. du* 20 *juin* 1896, *n°* 2681, *p.* 3.)

Il ne prête pas un nouveau *serment*, mais l'ancienne prestation doit être transcrite sur la nouvelle commission. (*Déc. du* 12 *mai* 1897.)

V. MASSES.

Dolman. Description. (*L. C. n°* 837 *du* 2 *juin* 1886.)

Domaines. Registres et impressions à livrer. (V. *Circ. du* 12 *mai* 1898, *n°* 2921, *complétant et modifiant celle du* 2 *août* 1827, *n°* 1057.)

V. REGISTRES.

Domestiques. V. RESPONSABILITÉ.

Dommages-intérêts. Envers les conducteurs. (V. *Loi du* 22 *août* 1791, *titre III*, *art.* 16 ; *Tabl. des Contr.*, *p.* 113.) Pour visite domiciliaire. (*Art.* 40 *de la même loi*, *p.* 122.)

Drapeau. Est confié à tour de rôle aux bataillons casernés. (*Circ. du* 9 *juill.* 1880, *n°* 1443.)

Duplicata. (V. *Circ. du* 12 *mai* 1848, *n°* 2247.)

Dynamite. (V. *Circ. du* 15 *juin* 1877, *n°* 1331.)

E

Echouements. V. Naufrages.

Eclaireurs. Entrent dans le calcul du nombre pour augmenter la pénalité. Ainsi 2 porteurs et 1 éclaireur font une bande. (*Voir dans ce sens : Avesnes,* 22 *avril* 1840, 21 *juin* 1843 ; *Céret,* 28 *nov.* 1851.)

Ecor. Ce service doit être confié aux agents capables et sûrs. Les écoreurs sont surveillés par les officiers, le sous-inspecteur et l'inspecteur. Les vérificateurs dirigent et surveillent ceux qui opèrent avec eux. Une entente absolue doit exister entre les vérificateurs et les lieutenants pour les consignes à donner. (*Déc. du* 13 *août* 1891.)

Effets perdus ou détériorés à la suite d'un accident en service. Sont remplacés ou réparés aux frais du matériel. (*Déc. des* 8 *juin* 1867 et 26 *mars* 1870.) L'allocation est reprise à l'actif individuel de l'agent. (*Déc. du* 5 *oct.* 1879.) *Delandre-Doussin, n°* 78.

Electeurs. V. Listes électorales.

Elimination. V. Org. mil.

Embarcations. Portent la flamme nationale. (*Circ. du* 20 *juin* 1896, *n°* 2683.) Peuvent servir au transport du matériel. (*L. C. n°* 821, *du* 1er *févr.* 1886.)

V. Abordage, Devis.

Embuscades. *Droit de les établir.* V. Passages sur les propriétés.

Enregistrement (Droits d'). *Tableau des droits.* (*Circ. du* 17 *sept.* 1893, *n°* 2344.) Modifications. (*Circ. des* 30 *juin* 1895, *n°* 2558 ; 26 *juill.* 1902, *n°* 3266 ; 20 *févr.* 1903, *n°* 3304 ; 14 *mars* 1904, *n°* 3406.)

Procès-verbaux. Délai d'enregistrement : 4 jours. (*Rec. méth.*, *n*os 9 *et* 10.) Toutefois, pour les affaires de la compétence du juge de paix, on doit procéder à l'affirmation et à l'enregistrement assez tôt pour que ces conditions soient remplies avant l'heure de l'ouverture de l'audience, qui est elle-même fixée avant l'expiration des 24 heures, à partir du moment de la clôture du procès-verbal.

Entrepôts frauduleux. *Rayon*. (V. *Tabl. des Contr.*, *p.* 40 *et* 41, *n*os 104 *et* 105. V., *p.* 122, *Loi du* 22 *août* 1791 et, *p.* 150, *l'art.* 38, § 4, *de la loi du* 28 *avril* 1816.) D'après l'art. 38, titre XIII, de la loi du 22 août 1791, les marchandises en balles ou en ballots seraient seules saisissables à domicile ; on pourrait cependant saisir les marchandises non encaissées, mais mises en tas et en assez grande quantité (*Cass.*, 20 *thermidor an XII*), ou des liquide squi ne peuvent être renfermés que dans des futailles. (*Cass.*, 18 *nov.* 1817.)

V. Marchandises, Visites domiciliaires.

Pour être valables, les expéditions justificatives ne doivent pas avoir plus d'un an de date. (*Déc. du* 10 *févr.* 1840.)

Le propriétaire de tout local, attenant ou non à sa demeure, fermé ou non, est, par le seul fait de la détention matérielle d'objets de contrebande, passible des condamnations encourues pour cause d'entrepôt frauduleux. (*Cass.*, 7 *févr.* 1863 ; 15 *nov.* 1833 ; 6 *août* 1812.)

La saisie à domicile, dans le rayon, de tabacs revêtus de vignettes étrangères doit être poursuivie en vertu des lois de douanes, quand bien même la saisie a été effectuée dans une habitation faisant partie d'une agglomération de plus de 2.000 âmes. (*Douai*, 17 *sept.* 1883.) *Voir, plus bas, le dernier* §

Les hameaux et écarts dépendant de communes dont la population réunie excède 2.000 âmes ne sont pas, comme la partie agglomérée de ces communes, affranchis des formalités établies par la loi de douanes pour la police des entrepôts. (*Douai*, 10 *févr.* 1842.)

Quelque minime que soit la quantité des marchandises prohibées, la saisie qui en est faite est régulière et ne saurait être annulée. (*Douai*, 24 *mai* 1870.)

L'arrêt de la Cour de Douai du 10 juin 1903 est absolument contraire à celui du 17 sept. 1883. Mais il semble acquis, en ce qui concerne la circulation, *qu'il n'y a pas à distinguer entre les communes de plus ou de moins de 2.000 habitants.* (*Douai*, 3 *mai* 1899 ; *Valenciennes*, 8 *févr.* 1839.)

Epaves. Les marchandises d'épaves sont soumises aux droits d'entrée, à moins qu'elles ne soient reconnues d'origine française.

Moyen de le reconnaître. (*Circ. du* 30 *juin* 1825, *n°* 923.)

Equipement. V. TENUE.

Escortes des officiers. Sont prises à tour de rôle dans la brigade où les officiers se trouvent de poste. Elles doivent toujours les accompagner dans les tournées de nuit. (*Déc. du* 11 *avril* 1854, 9 *août* 1856.) V. *Déc. du* 19 *déc.* 1903 *pour les demi-soldiers.*

Si l'agent d'escorte n'a pas été employé, ou bien s'il l'a été pendant 10 heures ou moins, il sera réputé avoir fourni 10 heures de travail. S'il a été employé plus de 10 heures, son temps d'escorte lui sera compté pour sa durée effective. Le temps passé par une escorte prise en route lui sera également compté pour sa durée réelle. (*Déc. du* 6 *juill.* 1904.)

Escorte de trains. Indemnité de 0 fr. 50 pour 5 heures et 0 fr. 10 par heure passée en sus. Les absences de moins de 5 heures ne donnent droit à aucune rétribution. (*Modèle d'état. Déc. du* 21 *juill.* 1900.)

Espions. Interrompre, s'il le faut, le service pour les arrêter. (*Déc. du* 14 *mai* 1888.) V. SURETÉ GÉNÉRALE.

Espions fraudeurs. V. ECLAIREURS.

Etat supplétif. Est à produire pour faire admettre au nombre des saisissants ou intervenants les personnes qui, ayant des droits certains au partage, auraient été omises au procès-verbal pour un motif quelconque. (*Circ. du* 11 *janv.* 1890, *n°* 2003, *p.* 15.) V. TRANSMETTEURS D'AVIS.

Examens. V. AVANCEMENT, OFFICIERS DE RÉSERVE, ORTHOGRAPHE, RECRUTEMENT.

Exécution du service. (V. *Circ. du* 30 *janv.* 1817, *n°* 247.) Le service doit partout être croisé. On doit apporter de la variété dans la fixation des heures de départ et de rentrée. (*Déc. du* 25 *oct.* 1888.)

Lorsque le service est menacé, il doit être pris des mesures spéciales. (*Déc. du* 20 *juil.* 1826.)

L'après-midi, le brigadier inscrit le service de nuit et celui du lendemain matin, rebats ou reconnaissances et observations. (*Déc. du* 11 *déc.* 1855.)

S'il se produit des motifs sérieux de s'écarter de l'ordre reçu, les agents peuvent le faire, mais il faut des cas tout à fait exceptionnels. Il en est rendu compte dans le rapport. (*Déc. du* 12 *déc.* 1855.)

Il est défendu de confier un service quelconque de nuit à un seul préposé isolé. (*Déc. du* 19 *janv.* 1857.)

Hors le cas de poursuite à vue, il ne doit pas être fait acte de répression en arrière du rayon. Si le service reçoit des indications relativement à des dépôts dans l'intérieur, il doit les transmettre sans retard aux chefs ou agents des Contributions indirectes. Sauf pour les services d'investigation, où la tenue pourra être facultative, les agents devront être en tenue réglementaire. (*Déc. du* 10 *nov.* 1897.)

Demi-soldiers. A moins de circonstances exceptionnelles, la moyenne mensuelle des heures de service de ces agents devra être limitée aux 2/3 de celle des préposés à solde entière, et il conviendra de leur éviter les services fatigants. (*Déc. du* 19 *déc.* 1903.)

Contrôle en cours de route des marchandises acquittées. (V. *Circ. du* 26 *déc.* 1900, *n°* 3142.)

V. Rebats, Contre-rebats, Jonctions, Pistes, Saisies.

Service dans les gares. Port du revolver au lieu de l'épée-baïonnette. (*Déc. du* 23 *févr.* 1904.)

Fxercices militaires. Les mouvements de : « *Portez arme* » et « *Présentez arme* » sont supprimés. (*L. ad. du* 31 *déc.* 1902.)

On devra laisser de côté la pratique de l'école de compagnie partout où la dissémination des brigades ne permet pas aux préposés de se rendre à pied au lieu de rassemblement et de rentrer au poste vers midi. (*Déc. du* 10 *nov.* 1903.)

Exportations. (V. *Tabl. des Contr., p.* 30, 32, 35.)

Dispense de présentation au bureau de certaines marchandises. Rôle du service actif. (*Circ. du* 20 *mars* 1899, *n°* 3013.)

Expropriation des bâtiments nécessaires pour loger les agents, lorsqu'il n'a pas été possible d'en louer à l'amiable. (V. *Circ. lith. du* 4 *févr.* 1847.)

La notification de la réquisition peut être faite par le garde champêtre, un agent de police ou un gendarme.

F

Fabriques et moulins. Ne peuvent être établis dans le rayon qu'après avis des directeurs des Douanes. (*Lois des 22 août 1791, titre XIII, art. 41 ; 30 avril 1806, art. 75.*)

Le déplacement des fabriques peut être ordonné lorsqu'elles ont favorisé la contrebande et que le fait est constaté par jugement. (*Loi du 21 ventôse an XI, art. 1er.*)

Moulins situés à l'*extrême frontière*. Peuvent être frappés d'interdiction par mesure administrative et par décision des préfets, lorsqu'il est justifié qu'ils servent à la contrebande des grains et farines. (*Loi du 30 avril 1806, art. 76.*)

Faux. V. *Tabl. des Contr., p.* 96 ; *Rec. méth., nos* 14, 27 *à* 35, 29 *et* 119.)

Flagrant délit. *Rec. méth., n°* 21, *note* 3, *n°* 95. (V. *Circ. du* 5 *avril* 1866, *n°* 1024.)

Fleuves. V. *Tabl. des Contr., nos* 96 *à* 98, *p.* 37. V. RAYON MARITIME.

Forestiers prévenus de contrebande. V. PROCÈS-VERBAUX.

Format. Rapports périodiques, 0 m. 22 sur 0 m. 32 (*Circ. n°* 2755 *du* 24 *déc.* 1896), ou, à défaut, 0 m. 21 sur 0 m. 31. (*Déc. du* 9 *déc.* 1902.)

Fourrière (*mise en*). Les noms et qualités des gardiens des objets saisis doivent être indiqués dans les procès-verbaux, à peine de nullité. (*Cass.*, 8 *déc.* 1835 ; *Rec. méth., n°* 142.)

Franchise postale. Emploi facultatif de cartes. (*Décr. du* 1er *déc.* 1888 ; *Circ. du* 14 *février* 1889, *n°* 1965.) Emploi facultatif d'enveloppes ouvertes. (*Décr. du* 9 *déc.* 1900 ; *Circ. du* 22, *n°* 3141.)

(*Voir la Circ. du* 30 *mars* 1836, *n°* 1537.)

Pli non contresigné et taxé. Le destinataire pourra le refuser et en requérir l'ouverture au bureau de poste, sur une déclaration signée de lui. S'il est reconnu que la dépêche concerne le service de l'Etat, le receveur la lui délivrera immédiatement en franchise. Un procès-verbal sera établi. (*Ord. du* 27 *nov.* 1845, *art.* 1 et 2.)

Franchise télégraphique. *Poursuite de la contrebande. Surveillance exceptionnelle à exercer sur un point quelconque de la frontière ou du littoral.* Les capitaines ont la franchise télégraphique avec leur directeur, les inspecteurs, sous-inspecteurs de la direction, leurs collègues de la direction et des directions limitrophes, les lieutenants, sous-lieutenants et brigadiers de la direction. (*Circ. du* 20 *déc.* 1887, *n°* 1892.)

Voir cette intéressante circulaire pour les réponses aux télégrammes officiels, etc. etc.

Correspondance télégraphique, à titre **onéreux**. *Poursuite de la fraude.* Peuvent recourir à la correspondance télégraphique taxée les fonctionnaires ci-après :

1° *Inspecteurs, sous inspecteurs, lieutenants et sous-lieutenants*, avec leurs brigadiers et les chefs de brigade de gendarmerie ;

2° Les *brigadiers des Douanes* avec leurs inspecteurs, sous-inspecteurs, capitaines, lieutenants et sous-lieutenants et les chefs de brigade de la gendarmerie.

3° Les *capitaines des Douanes* avec la gendarmerie.

Le prix de la dépêche et du récépissé (que les envoyeurs auront à réclamer au bureau de poste) sera remboursé par le receveur principal. (*Déc. du* 28 *oct.* 1891.)

Funérailles. V. OBSÈQUES.

G

Galons. Le prix des galons des sergents-majors, sergents-fourriers ou caporaux-fourriers (*Insignes douaniers et militaires*) est à la charge des crédits du matériel. (*Déc. du* 8 *févr.* 1900) (1).

Gamelles et Quarts. Sont fournis à titre de prêt et à charge d'entretien aux agents faisant partie des cadres militaires. Au moment de leur élimination, ceux-ci les reversent à la capitainerie. (*Déc. du* 26 *mars* 1877.)

En cas de perte de ces objets. (V. *Déc. du* 24 *nov.* 1899.)

Garantie d'armement. Est de 24 francs et se trouve fusionnée avec l'actif de masse. (V. *Déc. du* 14 *déc.* 1885 *et* 26 *mars* 1896.) V. MASSES.

Garantie des employés. V. COMMUNES, OPPOSITION, RÉQUISITIONS.

Gares. Les agents peuvent y opérer toute visite et toute saisie sans le secours d'un officier public. (*Déc. du* 14 *mars* 1856.) Droit de recherches dans les écritures par les employés supérieurs et receveurs. (*Loi du* 28 *déc.* 1895, *art.* 17 ; *Circ. du* 30 *déc. suivant, n°* 2627 ; *Circ. du* 13 *févr.* 1896, *n°* 2643.)

Gardes-magasins. Sont nommés par le directeur général. (*Déc. du* 8 *oct.* 1879.) V. ORG. MIL., TABAC DE CANTINE.

Gratifications. V. MÉDAILLE MILITAIRE.

(1) Le capitaine doit produire un reçu administratif délivré par les intéressés, et par lequel ceux-ci reconnaissent avoir été mis en possession de ces fournitures. (*Déc. du* 8 *août* 1899.)

H

Habillement. V. TENUE, GALONS.

Héritiers d'agents. Le certificat délivré par le maire de la résidence du défunt est suffisant pour toucher une somme de 150 francs et au-dessous. (*Déc. minist. du* 30 *déc.* 1896. *Circ. du* 14 *avril* 1897, *n°* 2791.)

Heure légale. Temps moyen de Paris. (*Circ. du* 24 *mars* 1891, *n°* 2084.)

Honneurs et marques extérieures de respect. (V. *Circ. du* 23 *janv.* 1878, *n°* 1355, modifiée par ce qui suit: Les troupes rendent les honneurs l'arme au pied, baïonnette au canon. Les troupes ou militaires isolés en marche mettent ou gardent l'arme sur l'épaule droite. (*Guerre,* 26 *déc.* 1902 ; *L. ad.* 31 *déc.* 1902.) V. *serv. des places, art.* 261 *à* 305, *p.* 224 *à* 254.

Hôpitaux militaires. Mode de règlement. (*L. C.* 602 *du* 19 *août* 1882. Règles à suivre pour le décompte des frais, inhumation, etc. Chaque mois est compté pour le nombre effectif de jours (28, 29, 30 ou 31). (*L. C. du* 27 *août* 1881, *n°* 538 ; *du* 29 *janv.* 1880, *n°* 465.)

Fixation du prix des journées. Officiers, 3 fr. 45 ; sous-officiers ou préposés, 2 fr. 35 (tous les agents inférieurs étant traités comme sous-officiers). (*L. C. du* 5 *juill.* 1899, *n°* 1064 ; *L. C. du* 20 *mars* 1884, *n°* 719.) Le tarif des hôpitaux ayant des traités avec le département de la guerre n'étant pas le même partout, il est recommandé par cette L. C. de bien s'assurer du taux de ces tarifs.

La journée d'entrée compte pour la retenue, celle de la sortie n'est pas comptée. (*L. C. du* 27 *août* 1881, *n°* 538.)

Libellé des demandes d'admission. Indiquer s'il s'agit d'une place d'officier ou de sous-officier. (*Déc. du* 25 *sept.* 1902.)

Cas d'admission au Val-de-Grâce. (*L. ad. du* 15 *nov.* 1899.)

Hôpital de Barèges. (*Guerre,* 24 *mai* 1902, *transmise* le 30 *mai.*)

Prévenir les établissements et l'autorité militaire de la radiation des cadres des agents en traitement. (*Déc. du* 28 *févr.* 1900 ; *Guerre*, 23 *déc.* 1903, *lettre transmise le* 9 *janv.* 1904.)

La Compagnie fermière des Etablissements thermaux des Eaux-Bonnes et des Eaux-Chaudes accorde le demi-tarif aux agents et à leurs familles. (*L. ad. du* 26 *mars* 1898, *transmise le* 2 *avril.*)

La moitié des frais d'hospitalisation est remboursée, sur les fonds de masses, aux agents inférieurs des brigades jusqu'au grade de brigadier inclusivement. Pendant leur séjour dans les hôpitaux, les agents subissent la retenue du service de santé. (*Déc. du* 22 *mars* 1884.)

Le remboursement n'est pas accordé aux agents traités pour maladies vénériennes. (*Déc. du* 16 *avril* 1887.)

Agents blessés en service. Les frais sont à la charge du budget. (*Déc. du* 10 *juill.* 1872). V. *Circ. du* 15 *mars* 1833, *n°* 1377.)

Les certificats médicaux et procès-verbaux d'accidents doivent être transmis dans le plus bref délai possible. Les capitaines et lieutenants indép. adresseront, le 1er de chaque mois, un état nominatif de ces agents traités dans les hôpitaux pendant le mois précédent (agents soignés à la suite de blessures ou maladies constatées en service commandé). (*L. C. du* 1er *juill.* 1904, *n°* 1120.)

Signaler par note spéciale, aussitôt qu'elles se produisent, les admissions des agents blessés auxquels on devra rembourser tous les frais d'hospitalisation. (*Déc. du* 26 *janv.* 1903.)

Officiers hospitalisés. N'ont pas droit au remboursement de la moitié des frais, mais au cas où leur famille viendrait à se trouver dans une situation précaire, ils pourraient être exceptionnellement assistés. (*Déc. du* 22 *mai* 1903.)

Huissiers. V. ACTES.

Hygiène. V. CASERNEMENT.

I

Illuminations. Les dépenses d'illuminations des corps de garde et des casernes, à l'occasion de la fête nationale, sont imputables sur les crédits du matériel. Il faut établir des mémoires ou des relevés, suivant que la dépense est ou n'est pas supérieure à 10 francs. (*Déc. du* 19 *juill.* 1882.)

Immunités. V. Affouage, Bacs et Rivières, Chemin de fer, Contributions, Jury, Logement des troupes, Ordinaire, Passage gratuit, Services militaires.

Importations. *Par terre.* (V. *Tabl. des Contr., les lois des* 22 *août* 1791, *tit.* II, *art.* 1 *à* 5, *n*os 106 *et* 107; *Loi du* 28 *avril* 1816, *art.* 41 *et suiv., p.* 151 *et* 152.)

Par mer. (*Loi du* 4 *germinal an* II, *tit.* II, *art.* 1 *à* 10; *tit.* III, *art.* 2, *p.* 126 *et* 127.)

Impôts. V. Contributions.

Impression. V. Circulaires.

Incendie ; assurances. Instructions. (*Circ. du* 5 *sept.* 1843, *n*° 1986 ; *Déc. des* 7 *fév. et* 12 *juin* 1891.)

Indemnités. Il est formellement interdit de toucher aucune rétribution autrement que par l'intermédiaire des chefs. (*Circ. du* 25 *mars* 1844, *n*° 2011.) V. Dommages-Intérêts.

Indemnité de déplacement. Agents changés sans avancement par mesure de réorganisation. Le remboursement des frais est effectué d'après l'état des dépenses réellement faites. Il est donc substitué au paiement d'indemnités fixes et invariables. (*Arr. minist. du* 20 *janv.* 1900 ; *L. ad. des* 14 *mars* 1900 *et* 18 *sept.* 1900.) Les droits d'octroi ne sont pas remboursés. (*Déc. du* 5 *sept.* 1903.)

Frais de mission. (*Arr. et Loi précités.*) Gardes-magasins, sous-officiers et préposés, 3 francs par jour. V. Escortes des trains, Stage des officiers.

Tir à la cible. Les frais de chemin de fer (tarif militaire) seront remboursés aux sous-officiers et préposés, et aux officiers qui ne seraient pas munis de carte de libre parcours. Aux agents dont le déplacement durera plus d'un jour, il sera alloué une indemnité de 1 fr. 50 par jour. Les sous-lieutenants et les lieutenants recevraient 6 francs par jour, et les capitaines 8 francs. (*Déc. du* 22 *mai* 1891. V. *L. C. du* 28 *déc.* 1889, *n°* 961.)

Indemnités illicites. V. Présents.

Indemnités de résidence. Préposés à demi-solde. Quelle que soit la brigade où ils exercent effectivement, ils ont droit à la moitié de l'indemnité de résidence attribuée au poste où ils comptent nominalement. (*Déc. du* 25 *juill.* 1902.)

Cette indemnité est rétablie pour les célibataires et veufs sans enfants logés en caserne. (*Circ. du* 4 *juin* 1902, *n°* 3253.)

Indemnités de tournées. V. Casernement, Service de santé.)

Indicateurs. (V. *Circ. du* 11 *janv.* 1890, *n°* 2003, et *Décr. du* 31 *déc.* 1889.) L'agent qui transmet un avis peut réserver ses droits à une part de saisissant ou d'intervenant, suivant que l'avis est direct ou indirect. (V. *p.* 15 *et* 16 *même Circ.*)

Les noms des indicateurs doivent être transmis par la voie hiérarchique. (V. *p.* 2, *annexe de la Circ.* 2003.)

Transmetteurs d'avis. Etat supplémentaire à établir. (V. *Circ. du* 20 *sept.* 1877, *n°* 1344 ; *Circ.* 2003, *p.* 15, § 2.)

Le directeur peut faire remettre à l'avance à l'indicateur, s'il en fait la demande, les 50 % de la part qui est présumée lui revenir. (*Annexe Circ.* 2003, *p.* 3.)

En cas d'insuffisance du produit de la saisie, l'indicateur peut être rétribué sur le fonds commun. (*Annexe, p.* 3.)

Si l'avis est indirect, il faut en rendre compte par rapport spécial. (*Circ. du* 2 *juill.* 1874, *n°* 1244.)

V. Témoignage.

Indispositions. V. Congés.

Injures. (*Rec. méth.*, *n°* 19 ; *Tabl. des Contr.*, *p.* 79.)

Inscription de faux. (*Rec. méth.*, *n*os 27 *à* 35.)

Inscrits maritimes. (V. *Règl. du* 1er *déc.* 1899, *art.* 2, *dernier* §.)

Inspection des finances. Instructions en cas de vérification. (*Circ. du* 2 *mai* 1900, *n°* 3098 ; 11 *avril* 1850, *n°* 2381 ; 29 *mai* 1831, *n°* 1265.)

Instituteurs. V. Responsabilité.

Instruction militaire dans les écoles de garçons. Peut être confiée à des préposés ou sous-officiers des brigades, à défaut d'anciens militaires, mais ils ne doivent pas être détournés de leur service. (*Déc. minist. du* 21 *févr.* 1883.)

V. Indemnités.

Interdictions. V. Défenses.

Intérimaires. V. Chemins de fer.

Interlignes. Les mots surchargés, interlignés ou ajoutés dans les procès-verbaux sont nuls. (*Rec. méth.*, *n°* 5.)

Pour la comptabilité, il est permis d'approuver les mots interlignés, mais il faut les reproduire à la suite de la mention : « Approuvé les mots ». (*Circ. n°* 27 *de la compt.*, *du* 31 *déc.* 1838.)

Interrogatoire écrit. Est produit toutes les fois que la punition devra être supérieure à un numéro d'annotation. (*Règl. du* 8 *juin* 1896, *art.* 17.)

Interruption de service. V. Appointements, Congés.

Intervenants. V. Répartitions.

Intervention des propriétaires. V. Propriétaires.

Inventaires. (V. *Circ. du* 19 *sept.* 1838, *n°* 1709 ; 12 *nov.* 1824, *n°* 888 ; 16 *mai* 1846, *n°* 2113.)

J

Jonction. La responsabilité d'un des deux brigadiers doit toujours être engagée. (*Circ. du* 13 *juill.* 1804.) (*Roux*, *p.* 268.)

Journaux des officiers. *Capitaines*. Doivent faire la minute tous les jours et les deux expéditions tous les cinq jours. *Lieutenants*. Doivent tenir au courant, jour par jour, la minute et l'expédition. (*Circ. du* 30 *janv.* 1817, *n°* 247.)

La nouvelle contexture ne modifie pas la distribution, laquelle doit être faite en trois parties. (*Déc. du* 7 *mars* 1902.)

Juges de paix. V. COMPÉTENCE.

Jury. Les officiers, sous-officiers et préposés des Douanes ne font pas partie du jury. (*Loi du* 21 *nov.* 1872, *art.* 3.)

L

Libre parcours. V. CHEMIN DE FER.

Licence. V. ORDINAIRE.

Licenciement. Est prononcé contre les agents qui, pendant leur première année de service, ne se sont pas montrés dignes d'être conservés dans les brigades. (*Règl. du* 8 *juin* 1896, *art.* 8, *p.* 20 ; *Circ. du* 20.)

V. DISPONIBILITÉ. (*Déc. du* 12 *fév.* 1903.) V. APPOINTEMENTS, MASSES.

Lieutenants. Leurs obligations. (V. *Circ. du* 30 *janv.* 1817, *n°* 247.) V. JOURNAUX, PISTES.

Limite d'âge pour pouvoir concourir au grade de :

1° *Sous-brigadier.* Avoir moins de 40 ans au 1er janvier de l'année du concours.

2° *Brigadier.* Moins de 41 ans. (*Circ. n°* 3440, *du* 16 *août* 1904, *p.* 7.)

3° *Sous-lieutenant.* Pour ce grade on ne peut concourir après 36 ans. *Règl. du* 28 *nov.* 1887 ; *Circ. du* 5 *déc.* 1887, *n°* 1888.)

4° *Sous-Inspecteur.* N'avoir pas plus de 43 ans révolus au 31 décembre de l'année qui précède la date du concours. (*Arr. minist. du* 15 *oct.* 1887 ; *Déc. du* 28 *oct.* 1902.)

Pour être nommé *Capitaine*, 44 ans. (*Arr. minist. du* 27 *déc.* 1883.)

Listes électorales. Les fonctionnaires sont inscrits d'office ou sur leur réclamation, dans les délais légaux, sans condition de temps, de résidence ou d'habitation (*Loi du* 30 *nov.* 1875, *art.* 1er, *et loi du* 5 *avril* 1884, *art.* 14), mais ils restent soumis, pour toutes les formalités relatives à l'inscription, aux règles ordinaires. Ils ne peuvent être inscrits d'office après le 15 janvier, ni réclamer utilement leur inscription après le 4 février. (*Lettre du*

Préfet du Nord au Dir. à Valenciennes, du 28 *juin* 1902. V. *Loi du* 7 *juill.* 1874, *art.* 2, *rappelée par celle du* 30 *nov.* 1875.) Le délai légal pour la demande d'inscription commence donc le 15 janvier et expire le 4 février.

Les capitaines devront veiller à ce que les agents déplacés ou nouvellement admis réclament leur inscription, et que les agents figurant déjà sur les listes y aient été dûment maintenus. (*Déc. du* 2 *juin* 1904.)

Livrets de masse. Doivent être entre les mains des agents. (*L. C. n°* 629, *du* 2 *déc.* 1882.)

Logement des troupes. Les sous-officiers et préposés des Douanes peuvent en être dispensés (*Arr. du gouvern. du* 30 *vendémiaire an IV*) ; mais ce n'est que par tolérance qu'ils en sont généralement affranchis. (*Déc. du* 26 *févr.* 1830.)

Logement des agents. Les préposés que le déplacement des lignes force à changer de résidence ne sont tenus de payer le loyer des maisons qu'ils occupaient que jusqu'au moment où ils les quittent, sauf à accorder aux propriétaires, s'il y a lieu, une indemnité que l'Administration des Douanes est autorisée à faire régler. (*Arrêté du* 9 *prairial an VI, art.* 2.)

Loteries prohibées. (V. *Tabl. des Contr.*, *p.* 92, *n°* 290.)

M

Main forte. V. Réquisitions.

Mainlevée. (V. *Rec. méth.*, *n°* 6 ; *Tabl. des Contr.*, *p.* 135 *et* 136 ; *Loi du* 9 *floréal an VII*, *art.* 5 *et* 7.)

Mainlevée des moyens de transport saisis. Est obligatoire si la marchandise transportée *n'est pas* prohibée. Si cette marchandise est prohibée, la mainlevée devient facultative.

Mainlevée des marchandises saisies. Ne peut être offerte s'il s'agit d'objets prohibés, que la saisie soit faite en campagne, au bureau ou à domicile. S'il s'agit de marchandises non prohibées, elle est facultative pour celles saisies ailleurs qu'à domicile ; en cas de saisies à domicile, la saisie de marchandises non prohibées rendrait l'offre de mainlevée obligatoire. (*Loi du* 9 *floréal an VII.*)

Manifeste. (V. *Tabl. des Contr.*, *p.* 20 *et suivantes.*)

Marchandises prohibées ou assimilées dont la saisie entraîne l'arrestation des prévenus :

1° *Marchandises prohibées à l'entrée* (*Loi du* 11 *janv.* 1892 ; V. *Tarif*), et à la sortie (*Tarif ; Tableau B*).

2° *Marchandises dont la prohibition a été remplacée par des droits postérieurement à la Loi du 24 mai 1834.* (V. *Circ. du* 4 *août* 1896, *n°* 2704, *p.* 33, *Obs. prél.*)

3° *Marchandises soumises à une restriction d'entrée.* Quand elles sont importées en dehors des bureaux. (V. *Circ. du* 4 *août* 1896, *n°* 2704, *p.* 28 ; *Obs. prél.*)

4° *Marchandises soumises à des taxes intérieures.* (V. *Circ. du* 14 *août* 1896, *n°* 2708, *p.* 10 ; *Obs. prél.*)

5° *Marchandises taxées à 25 francs et plus les 100 kilos.* (*Tarif de* 1892.)

Le bénéfice du tarif minimum ne doit être refusé aux marchandises saisies que lorsqu'il est établi qu'elles sont originaires d'un pays auquel ce tarif n'a pas été concédé. (*L. C. du* 13 *août* 1895, *n°* 1037.)

Marchandises masquant la fraude. Seront confisquées avec l'objet de contrebande et les moyens de transport. (*Loi du 2 juin 1875, art. 4.*)

Marché de gré à gré. V. DEVIS.

Mariage des agents. L'autorisation est nécessaire pour les agents inférieurs, jusqu'au grade de brigadier inclusivement. Si le directeur croyait devoir la refuser, il en rendrait compte à l'Administration.

Dans les 15 jours qui suivent la célébration du mariage, les agents de tous grades doivent produire un extrait légalisé de cet acte. (*Circ. du 30 nov. 1842, n° 1943.*)

Il conviendra, dans les localités où cela sera possible, de ne plus astreindre à un changement de résidence les agents qui désireront contracter mariage. (*Déc. du 25 nov. 1897.*)

Tout Français qui contracte mariage à l'étranger doit faire transcrire l'acte à la mairie de son domicile dans les 3 mois qui suivent. (*Code civil, art. 171.*) C'est l'extrait de l'acte retranscrit qui doit être produit.

V. ANNÉE D'ÉPREUVE. CASERNEMENT.

Masses. Les livrets de masse doivent être entre les mains des hommes. (*L. C. du 2 déc. 1882, n° 629.*)

Retenues (V. *p.* 2 *et* 3 *du livret. Extr. du Règl. du* 1815). *Nouveaux admis.* La retenue ne sera que de 5 francs pendant les 4 premiers mois. (*Déc. du 3 mai 1897.*) On ne peut, sous prétexte de les habiller plus promptement, exiger d'eux de plus fortes sommes que celles fixées. (*Art. 14 du Règl.*)

Gardes-magasins. (V. *Circ. du 19 févr. 1850, n° 2368.*)

La masse ne peut être abaissée au-dessous de 24 francs. (*L. C. du 10 nov. 1886, n° 849.*) Pour les agents comptant moins de 4 ans, il y a lieu de maintenir leur actif à un taux supérieur à 24 francs, afin de tenir compte du prélèvement à effectuer en cas de démission ou de révocation.

Prélèvements. (V. *p.* 4 *du livret. Règl. de* 1815.)

Ne subissent pas de prélèvement : les agents licenciés, ceux mis en disponibilité (*Déc. des* 15 *déc.* 1898, 28 *janv.* 1901) ; les agents en interruption de service ; ceux qui démissionnent pour rentrer dans un autre service de l'Etat. (*L. C. du* 26 *août* 1881, *n°* 537.)

Préposés à demi-solde. Le temps passé à demi-solde compte pour sa durée effective dans le calcul des prélèvements. (*Circ. du* 9 *août* 1847, *n°* 2186.)

Dans le cas où le traitement revenant à un agent démissionnaire ou révoqué serait insuffisant pour recouvrer le montant des retenues d'habillement, santé et casernement, on effectuerait intégralement les 2 dernières retenues (santé et casernement) ; l'excédent seul serait appliqué à la retenue pour habillement et équipement.

On ne verse au boni que l'avoir du préposé, déduction faite de ces retenues, sauf à compléter le prélèvement réglementaire, si cela est possible, par une retenue sur les parts de saisies ou gratifications. (*Déc. du* 20 *avril* 1891.)

Retenues. (Service de santé et casernement.) Les agents rayés des cadres, les nouveaux admis, les agents réadmis ne subiront les retenues de santé et de casernement qu'au prorata du temps de présence effective.

Quant aux agents changés, ils ne devront l'une et l'autre de ces retenues que pour le temps d'exercice dans les postes qu'ils auront successivement occupés et d'après le taux afférent à chacun de ces postes. Le capitaine de départ devra s'entendre avec son collègue du poste d'arrivée.

Les agents en congé ou à l'hôpital restent soumis aux retenues de masse. (*L. C. n°* 1114 *du* 18 *déc.* 1903.)

Application de la L. C. n° 1114. *Retenue de Casernement.* Est défalquée, pour les agents changés, pendant le temps que dure le déplacement. *Service de la santé.* La retenue est comptée pendant cette durée. Liquider exactement, sauf à forcer au profit de la masse, si le résultat présente des fractions de centimes. Tous les mois doivent être comptés pour 30 jours. (*Déc. du* 5 *mars* 1904.) (V. *Déc. du* 25 *mai* 1904.)

Matelots. (V. *Circ. du* 30 *janv.* 1817, *n°* 247.)

Matériel. V. DEVIS, INVENTAIRES.

Médaille douanière. (V. *Décr. du* 14 *juin* 1894, *Circ. du* 26 *juill.* 1894, *n°* 2436.) Peut être accordée à titre exceptionnel aux personnes ayant rendu à l'Administration des services signalés. (*Décr. du* 29 *déc.* 1897 ; *Circ. du* 7 *janv.* 1898, *n°* 2869.)

Garde-magasins. Les brigadiers nommés garde-magasins ne peuvent plus l'obtenir dans leur nouvelle situation. (*Déc. du* 14 *janv.* 1901.)

Les faits de *sauvetage* ne sauraient créer à leurs auteurs des titres à l'obtention de la médaille douanière. (*Déc. du* 9 *nov.* 1899.)

Interprétation de l'art. 21 du Règl. disciplinaire. (*L. ad. du* 24 *févr.* 1898.)

Les services à *demi-solde* sont comptés intégralement. (*Déc. du* 16 *juin* 1894.)

L'augmentation de 50 francs est soumise à la retenue du premier douzième. (*Déc. du* 16 *août* 1894.)

Les agents sont médaillés d'après l'ordre de présentation. Toute recommandation est donc inutile. (V. *Déc. des* 11 *juin* 1902 *et* 25 *juin* 1903.)

Médaille militaire. Allocation annuelle de 100 francs aux agents qui ne sont pas payés par la Légion d'honneur. (*Circ. du* 10 *juin* 1895, *n°* 2553.)

Cette allocation n'est pas fractionnée. (*Déc. du* 13 *déc.* 1901.)

Les agents des brigades médaillés qui passent dans le service des bureaux continuent à recevoir l'indemnité annuelle de 100 francs sur le crédit des gratifications des brigades. Ils la reçoivent sur les fonds de masses après leur admission à la retraite. (*Décr. du* 1er *juill.* 1895.)

Veuves et héritiers d'agents ou d'anciens agents. N'ont pas droit au paiement de la part proportionnelle de l'allocation, celle-ci ayant un caractère exclusivement personnel. (*Déc. du* 28 *sept.* 1904.)

Médecins. Il est tenu compte des désirs manifestés par le personnel, mais il ne saurait être question de recourir au vote des agents pour la nomination des médecins. (*Déc. du* 13 *nov.* 1902.)

Doivent visiter les postes de leur circonscription médicale, au moins une fois par mois. (*Déc. du* 13 *déc.* 1900.)

Médicaments. *Prix.* Est liquidé au millime. Mais la somme à payer ne peut être arrêtée qu'en francs et en centimes. (*Déc. du* 12 *mars* 1903.)

Mémoires. V. DEVIS.

Méthode Laborde. (*Circ. du* 2 *nov.* 1894, *n°* 2463.)

Militaires prévenus de contrebande. V. PROCÈS-VERBAUX.

Mineurs. V. PRIMES, RESPONSABILITÉ.

Minutes *des lettres et rapports.* Doivent être conservées par les chefs de service. (*Circ. du* 3 *oct.* 1840, *n°* 1836.) V. CORRESPONDANCE.

Minuties. On peut tolérer le renvoi immédiat à l'étranger de petites quantités de marchandises apportées et déclarées par les voyageurs, s'ils se refusent à payer les droits. (*Déc. des* 30 *nov.* 1835, 25 *mars* 1839 *et* 18 *fév.* 1842.)

V. *Circ. du* 5 *nov.* 1818, *n°* 439, modèle de procès-verbaux de minuties et instructions. (V. *Circ. du* 23 *sept.* 1841, *n°* 1877.) Inscrire les noms des pacotilleurs au registre *ad hoc.* (*Circ. du* 8 *juill.* 1842, *n°* 923, *p.* 3, § 3.)

Versement. Le dépôt doit s'effectuer immédiatement au bureau. Les postes éloignés versent une fois par semaine, à moins que le poids total n'excède 25 kilos. (*Déc. du* 3 *nov.* 1842.)

V. *Loi du* 5 *sept.* 1892, *art.* 5 *et* 6 ; *Tabl. des Contr.*, *p.* 123.

Mise en fourrière. V. Fourrière.

Mobilisation. V. Organisation militaire.

Mots raturés, surchargés, interlignés ; Renvois, etc. (V. *Rec. méth.*, *nos 4 et 5.*)

Mot de ralliement dans les places fortes. Est communiqué aux préposés, afin qu'ils puissent circuler librement sur les remparts et aux abords des places. (*Guerre*, 27 *juin* 1846 ; *Circ. du* 10 *juill.* 1846, *n°* 2120.)

Monnaies *étrangères de cuivre et de billon.* Sont prohibées. (*Loi du* 11 *janv.* 1892.) Les pièces divisionnaires d'argent italiennes le sont également. (*Circ. du* 23 *juill.* 1894, *n°* 2434 ; *Décr. du* 22 *juill.*)

Moyens de transport. La valeur des moyens de transport ne doit pas être cumulée avec celle de la marchandise pour déterminer le chiffre de l'amende. (*Douai*, 30 *avril* 1884.)

Sont saisissables, alors même qu'ils n'auraient pas été indispensables.

Ainsi, par exemple, le cheval servant de monture au fraudeur portant la marchandise sur lui-même. (*Cass.*, 25 *oct.* 1827 ; *Circ. du* 23 *oct.* 1828, *n°* 1127.) V. *Loi du* 2 *juin* 1875, *art.* 4.

V. Confiscation, Mainlevée, Voitures.

La confiscation doit être prononcée malgré la bonne foi des prévenus. (*Cass.*, 20 *juill.* 1831 ; *Circ. du* 24 *févr.* 1834, *n°* 1425.)

La confiscation d'un navire peut être prononcée, bien que la saisie, sur des gens de l'équipage, de marchandises prohibées, n'ait été faite qu'après leur débarquement. (*Cass.*, 4 *déc.* 1882.)

Munitions. V. Armement.

N

Naufrages. Les effets des naufragés que l'on saisit sur les recéleurs doivent être restitués aux propriétaires. (*Circ. du* 12 *juill.* 1817, *n°* 295.)

V. *art.* 6 *et* 7, *titre VII, de la Loi du* 22 *août* 1791 ; *Tabl. des Contr.*, *p.* **115** et **116**.

Emploi des téléphones et télégraphes pour signaler les sinistres. (*Circ. du* 28 *nov.* 1896, *n°* 2748. *Instruction annexée.*)

V. SAUVETAGES.

Notes explicatives du tableau des droits. (*Circ. de* 1895 *et* 1896.)

Noyés. Soins à leur donner. (V. *Circ. n°* 2463, *du* 2 *nov.* 1894.)

Nouveaux admis. V. MASSES.

O

Objets réformés. V. DOMAINES. V. VENTES.

Obsèques d'officiers retraités et de légionnaires. Dans les localités où il n'existe pas de garnison, si le service ne doit pas en être dérangé, un détachement peut être fourni. (*Déc. du* 4 *juill.* 1842. V. *Serv. des places, pages* 263 *à* 274.)

Observations préliminaires du tarif. (*Circ. de* 1896.)

Officiers de réserve. Les brigadiers sont seuls autorisés à se présenter à l'examen. (V. *L C. du* 28 *sept.* 1882, *n°* 614; *déc. du* 11 *nov.* 1882 et *déc. du* 15 *mars* 1883.)

Opposition aux fonctions. Trouble. Injures. Voies de fait. Rébellion. (V. *Tabl. des Contr.*, *p.* 78, 128. *Rec. méth.*, *nos* 18, 19, 83, § 9.)

Remarque. L'amende est individuelle et non solidaire.

(V. *Circ. du* 3 *oct.* 1838, *n°* 1712; 21 *juill.* 1841, *n°* 1863, *et les arrêts rappelés par ces deux circ.*)

Rébellion et Opposition. (*Instruction*). (V. *Circ. du* 16 *janv.* 1834, *n°* 1418 ; *circ. du* 19 *juin* 1821, *n°* 659. V. *Circ. du* 1er *juin* 1837, *n°* 1626 (1.)

---

(1) L'opposition peut se manifester de deux façons : 1° Par le refus opposé aux agents : refus d'ouvrir les portes de son domicile lorsque les agents sont régulièrement assistés ; refus d'arrêter son attelage aux sommations légales ; refus de suivre les agents au bureau pour y subir la visite ; refus de se laisser visiter au bureau, refus d'ouvrir ses bagages, refus de laisser visiter un navire, d'ouvrir les chambres, colis, armoires, etc. (Appliquer le n° 246 du *Tabl. des Contr.*)

2° Par l'action ; alors il y a opposition avec violence ou voie de fait et il convient d'appliquer le n° 246 pour opposition, 247 pour violence ou voie de fait, et 248 pour l'application des articles du Code pénal, si, bien entendu, le fait est suffisamment grave.

La *rébellion* constitue donc toujours, outre la violence ou les voies de fait, le fait d'opposition lui-même, puisqu'en se révoltant contre les agents, on s'oppose à l'exercice de leurs fonctions.

Trouble. Troubler les agents, c'est les gêner dans l'exécution de leur service en les

Agents des Douanes agissant au nom de l'Administration des Contributions Indirectes. Même dans ce cas, le procès-verbal pour opposition est rédigé à la requête des Douanes. (*Circ. du* 26 *janv.* 1847, *n°* 2154. *Cass.*, 13 *août* 1846.) V. dans le même sens pour opposition en dehors du rayon. (*Besançon*, 27 *nov.* 1901. *Cass.*, 28 *juill.* 1887.)

V. Passage.

---

espionnant, en leur donnant de fausses indications lorsqu'ils sont à la recherche ou à la poursuite de la fraude, ou en prévenant les fraudeurs de leur présence. (Appl. du n° 247.)

Injures. L'injure est un outrage de fait, de geste ou de parole.

Mauvais traitements. L'injure, les voies de fait, les violences sont de mauvais traitements.

Mais il ne peut être fait application de la loi du 22 août 1791 et du 4 germinal an II que si les agents se trouvent en service commandé. Ils sont considérés comme étant en fonctions au moment où ils se rendent au poste qui leur a été assigné. (V. *Circ. du* 18 *juin* 1852, *n°* 42. *Cass.*, 21 *nov.* 1851.)

Il arrive parfois que des agents font acte de service sans pour cela être en service commandé. Au cas particulier, s'ils étaient frappés, on ne pourrait rédiger pour opposition, mais il n'en faudrait pas moins adresser une plainte au parquet. La répression des violences et voies de fait s'exerce en effet en vertu du droit commun, et cela dans tous les cas. On pourrait aussi, le cas échéant, demander l'application de l'art. 224 du Code pénal pour outrages envers des fonctionnaires.

Agents blessés. Il importe de faire visiter immédiatement, par le médecin assermenté, les agents qui ont été l'objet de violences, et d'annexer le certificat médical à la plainte ou à la copie du procès-verbal qui en tient lieu. (*Notes de l'auteur.*)

Ordinaire des agents casernés. L'ordinaire est affranchi de la licence, mais il est interdit aux préposés de vendre des boissons à quelque personne que ce soit, à l'extérieur, même à d'autres préposés. (*Circ. du* 11 *déc.* 1827, n° 1076.)

Ordre de marche dans les revues. Gendarmerie. Sapeurs-pompiers. Artillerie à pied. Chasseurs à pied. Douaniers. Chasseurs forestiers. Zouaves. Infanterie, etc. (*Service des places, art.* 250, *p.* 214.)

Organisation militaire. (V. *Décr. du* 22 *sept.* 1882; *circ. du* 19 *mai* 1883, *n°* 1610.)

Ce décret rappelle (art. 5) que les dispositions des art. 43 et 57 de la loi du 13 mars 1875 sont applicables aux officiers des bataillons de douanes. D'après ces articles, les officiers de l'armée active ont, à grade égal, le commandement sur ceux de la réserve et de la territoriale.

V. *Décr. du* 15 *mars* 1890 *pour l'Algérie, et décr. du* 15 *mars* 1890 *modifiant celui du* 22 *sept.* 1882 *pour la France.* (*Circ. du* 3 *avril* 1890, *n°* 2018.)

Appel à l'activité. Contrôles. Livrets à souche, etc. Modèles. (*L. C. du* 7 *juill.* 1885, *n°* 795.) Armes des sergents-majors et des invalides. Sont reversées. (*Déc. du* 7 *juill.* 1883. *L. C. n°* 688, *du* 6 *oct.* 1883.)

Payement des appointements aux personnes déléguées. Modèle d'état. (*Circ. du* 21 *août* 1876, *n°* 1313.) Le suppléant du Sous-Intendant militaire peut ordonnancer les états de solde. (*Guerre,* 28 *mai* 1900.) (V. *Circ. du* 21 *août* 1876, *n°* 1313.)

V. *L. C. n°* 247, *du* 11 *juin* 1875 ; *L. C. du* 7 *avril* 1886, *n°* 832 ; *L. C. n°* 1031, *du* 17 *mars* 1893.

Gardes-magasins. Ne seront pourvus de l'emploi de garde-magasin que les brigadiers libérés de toutes obligations militaires (25 ans après le tirage au sort ou l'engagement). (*L. C. du* 5 *févr.* 1891, *n°* 984.)

Demi-Soldiers. Dans le cas où leur classe serait appelée par anticipation, postérieurement à la mobilisation des unités de douanes auxquelles ils appartiennent, ils seraient considérés comme présents sous les drapeaux.

Mais la mobilisation de l'unité terminée, ils suivraient le sort de leur classe. (*Guerre*, 9 *févr.* 1888. *L. ad. du* 12 *mars* 1888.)

Elimination pour cause d'invalidité. Les agents demandant leur élimination doivent se présenter devant une commission administrative. (*L. C. du* 11 *juin* 1875, *n°* 247.)

Ceux qui, par leur âge, seraient encore astreints aux obligations militaires et se trouveraient dans l'impossibilité de faire campagne devraient, avant de passer devant une commission militaire, s'être présentés devant la commission administrative. (V. *Déc. du* 16 *oct.* 1891.)

Orthographe. Dans les examens et concours, les candidats doivent bénéficier des tolérances admises par l'arrêté du Ministre de l'Instruction publique du 26 *févr.* 1901 relatif à la simplification de la syntaxe. (*Déc. du Minist. des Fin. du* 22 *mars* 1901.)

P

Pacages. Il y en a de trois sortes :

1° *Pacage de troupeaux étrangers en France.*

V. *Règl. du* 15 *juill.* 1825 ; *circ.* n° 928, *art.* 5, 6, 22, 23, 24, 25, 26 et 28. *Art.* 22 *de la loi du* 2 *juill.* 1836 ; *circ. du* 18 *juill.* 1836, n° 1552. Il est délivré un acquit-à-caution pour chaque troupeau. La réexportation est constatée à la frontière par le receveur ou par un chef de brigade avec l'assistance d'un préposé. En cas de déficit, si la perte des animaux a été régulièrement établie, l'annulation des soumissions peut être autorisée ; dans le cas contraire, le soumissionnaire est passible du double droit sur les manquants, par application de l'art. 12 du titre III de la loi du 22 août 1791. (*Tabl. des Contr., p.* 112. *Pand. Franç.*, n° 792.)

2° *Pacage de troupeaux français à l'étranger.*

Pour ceux-ci il est levé un passavant.

Le croît de ces troupeaux est susceptible d'être admis en franchise. (V. *art.* 22 *de la loi du* 2 *juill.* 1836.)

Si, au moment de la réimportation, il était constaté soit un excédent, soit une différence dans l'espèce, les animaux qui ne seraient pas couverts par le passavant seraient considérés comme importés sans déclaration. (*Pall.* n° 288.) (V. *Convention franco-italienne du* 31 *mars* 1861, *art.* 15 (*décret*). *Circ.* n° 749, *du* 17 *avril* 1861.)

Convention franco-espagnole du 26 *mai* 1866, *art.* 5.

V. *L. C. du* 29 *mai* 1889, n° 946, pour les restrictions d'entrée.

3° *Pacage en France de bestiaux français dans la zone extérieure.* (V. *Arr. du* 25 *messidor an VI, art.* 2. *Tabl. des Contr., p.* 134 et 43.) L'acquit-à-caution a été remplacé par le passavant, les droits de sortie n'existant plus.

Animaux de la race ovine (moutons) prohibés par mesure sanitaire. Le pacage sans expédition donne lieu à l'application de la loi du 28 avril 1816. (*Déc. du 29 oct. 1904.*)

Parents. V. RESPONSABILITÉ.

Passage sur les propriétés privées. *Droit de passage le long des côtes maritimes.* (*Cass.*, 20 *juin* 1860. *Circ. du* 20 *sept.* 1860, *n°* 687.)

Un procès-verbal avait été dressé contre un propriétaire qui avait empêché deux agents de passer sur son terrain. Il a été également dressé procès-verbal pour opposition à une personne qui avait empêché deux agents d'embusquer sur un terrain lui appartenant. (*Trib. Saint-Julien,* 25 *avril* 1899.)

Passavants. La liste des marchandises soumises au passavant doit être arrêtée par les Directeurs et être déposée dans tous les bureaux et corps de garde. (V. *Décr. du* 19 *nov.* 1899 ; *circ. du* 12 *janv.* 1900, *n°* 3076.)

Patrons. Le patron surveille le travail et l'entretien du bord ; il active les matelots, tient la barre, commande les manœuvres et rend compte au lieutenant des incidents de route. Il reçoit les ordres de l'officier, est responsable du service qui lui a été commandé et tient les écritures quotidiennes de la patache. A terre, quand l'embarcation est en lavage ou en radoub, le patron surveille les opérations et travaux nécessaires. Il fait, au besoin, travailler les hommes du bord aux aménagements du bâtiment et de son gréement. (*Roux, p.* 265.)

V. *Circ. du* 30 *janv.* 1817, *n°* 247.

Pêches. *Défenses.* Il est interdit aux agents des brigades, jusques et y compris les brigadiers, de se livrer à la pêche en mer ou dans la partie maritime des fleuves ou rivières. (*Circ. du* 20 *oct.* 1851, *n°* 2466.)

Délits. (*Tabl. des Contr., p.* 94 *à* 96.) Le service des douanes prête son concours pour la police de la pêche dans les mêmes conditions que pour la police de la chasse. (*Circ. du* 13 *févr.* 1866, *n°* 1023.)

En cas de contravention, voir *circ. du* 8 *sept.* 1866, *n°* 1039. V. la *Loi du* 2 *juin* 1875, *art.* 1er, au sujet du cas rappelé au § 6 de la *circ. n°* 1039.

Corse. (V. *circ. du* 24 *oct.* 1892, *n°* 2219.)

Permis de chasse. V. CHASSE.

Permissions. Ne sont pas déduites des congés. (*Déc. du* 25 *avril* 1904.)

Perte d'objets d'habillements, etc., en service. V. EFFETS.

Petit équipement. (V. *L. C. n°* 1031, *du* 17 *mars* 1893.)

Pétitions collectives. Sont interdites. (*Déc. du* 26 *mars* 1857.)

Pistes. Le devoir des rebatteurs, aussitôt qu'ils découvrent une piste, est d'en informer en toute hâte leur Brigadier. Celui-ci doit, sans perdre de temps, suivre la piste avec le nombre de préposés nécessaire. Il doit, en outre, la faire remonter.

Si, à l'endroit où la piste a été découverte, les rebatteurs sont plus rapprochés d'une autre brigade, ils doivent suivre eux-mêmes cette piste et aller en informer le Brigadier de cet autre poste, puis rentrer.

Les pistes doivent être suivies avec toute la célérité possible.

Le devoir des Lieutenants est de se transporter aussitôt sur les lieux. (*Circ. du* 10 *mars* 1819, *n°* 474.)

Phosphore saisi. Le verser au bureau de la régie le plus prochain, à moins qu'il ne s'agisse d'une petite quantité, laquelle serait détruite. (*Circ. du* 12 *août* 1899, *n°* 3053.) V. *circ. du* 28 *juill.* 1896, *n°* 2701, *p.* 142.

V. PRIMES.

Police sanitaire maritime. (*Décr. du* 4 *janv.* 1896 ; *circ. du* 3 *févr., n°* 2640.)

Police du rayon. (*Circ. du 12 janv.* 1900, *n°* 3076 ; *décr. du* 19 *nov.* 1899.) V. *les lois, p.* 132, 134, 138, 147, 157 *au Tabl. des Contr., et les pages* 36, 37 *et suivantes.* En principe, toutes les marchandises sont soumises à la formalité du passavant dans l'étendue du rayon des frontières de terre, sauf les bestiaux, etc. (V. *Loi du* 19 *vendémiaire an VI, art.* 4 ; *Tabl. des Contr.*, *p.* 133), et les marchandises taxées à moins de 10 fr. les 100 kgr. (*Déc. du* 17 *nov.* 1863) ; mais certains tempéraments ont été apportés à la règle, aussi la liste des marchandises restant soumises à cette formalité, dressée par chaque directeur, n'en comprend-elle qu'un nombre assez restreint. (V. *circ. n°* 3076.)

Frontières de mer. V. *art.* 85 *de la loi du* 8 *floréal an XI. Tabl. des Contr.*, *p.* 143 V. *p.* 36 *et suivantes.*)

Port d'armes. Les préposés de la régie auront, pour l'exercice de leurs fonctions, le port d'armes à feu et autres. (*Loi du* 22 *août* 1791, *titre* XIII, *art.* 15)

Postes. *Importation* par la poste de paquets contenant des objets prohibés ou passibles de droit. (*V. Circ. du* 14 *août* 1902, *n°* 3273.)

Convention postale universelle. (*Décr. du* 26 *déc.* 1898. *Circ. du* 27 *janv.* 1899, *n°* 2995.)

Postulants. V. Recrutement.

Poudres à feu et produits assimilés. *Douanes.* (*V. art.* 5 *de la loi du* 2 *juin* 1875. *Tabl. des Contr., p.* 182 (*Indirectes*), *p.* 84 et 85.)

Poursuite à vue. (*Rec. méth., n^os^* 200, 202. *Tabl. des Contr., p.* 29 ; *n°* 66, *p.* 109, 111 *et* 121 ; *n°* 67, *p.* 111 *et* 121 ; *n°* 68, *p.* 121 *et* 127 ; *n°* 69, *p.* 18 *et* 19.)

V. Circ. du 27 *avril* 1822, *n°* 721.

Si les agents perdent momentanément la fraude de vue, par suite d'une circonstance indépendante de leur volonté : bois, accident de terrain, etc., la saisie qu'ils opèrent n'en est pas moins valable. (*Cass.*, 23 *oct.* 1807.) Le concours de deux préposés est exigé pour la saisie, mais il ne l'est pas pour la poursuite à vue. (*Cass.*, 23 *août* 1836.)

Les préposés placés en arrière du rayon peuvent saisir les marchandises qu'ils ont vues sortir du rayon. (*Circ. du* 18 *mars* 1837, *n°* 1609 ; *Cass.*, 11 *févr.* 1837.)

Les préposés qui donnent la chasse à une embarcation aperçue à l'ancre ou louvoyant dans les 2 myriamètres des côtes peuvent la saisir valablement au delà de ces deux myriamètres. (*Circ. du* 29 *germinal an XI; Roux, p.* 375.) V. BUREAUX.

Prélèvements. V. MASSES.

Première mise d'équipement des Brigadiers promus Sous-Lieutenants. Est de 250 francs. (*Circ. du* 23 *avril* 1898, *n°* 2908.)

Préposés. Simple agent d'exécution, le préposé (1) n'a pour devoir que d'exécuter ponctuellement et fidèlement ce qui lui est prescrit. (*Circ. du* 30 *janv.* 1817, *n°* 247). V. EXÉCUTION DU SERVICE.

***Préposés visiteurs*, *concierges*, *plantons*, *etc*.** Les agents peuvent être nommés à ces emplois dès l'âge de 36 ans. Ils restent soumis aux obligations militaires. (*L. C. du* 5 *févr.* 1891, *n°* 984.)

***Préposés secrétaires*.** V. SECRÉTAIRES.

***Préposés et matelots à demi-solde*.** V. DEMI-SOLDIERS.

Prérogatives. V. ACTES D'HUISSIERS, LISTES ÉLECTORALES, PASSAGE, PORT D'ARMES, TIMBRE DE QUITTANCE, VISITES.

---

(1) Cependant il est pour lui du plus grand intérêt de chercher à se procurer des renseignements utiles au service.

Présents ou récompenses illicites. (*Loi du 4 germinal an II, art.* 3, *titre IV. Code pénal, art.* 177 et 178.) (*Livret de masse*, p. 40.)

Prévarications. Cour d'assises. (*Rec. méth.*, *n°* 119. *Règl. du* 8 *juin* 1896, *art.* 9 et 10. *Code pénal, nos* 166 *et* 177.)

Primes d'arrestation allouées par l'Administration des Douanes. La prime est due lorsque la marchandise décrite au procès-verbal mesure plus de 10 mètres de tissus ou pèse plus de 5 kgr. ou s'il s'agit d'objets de valeur. (*Voir à ce sujet la circ. n°* 2023, *du* 21 *juin* 1844.)

La prime est de 5 fr. lorsque le fraudeur arrêté était seul ;

— — — 10 fr. par fraudeur arrêté s'ils étaient deux ;

— — — 15 fr. par fraudeur arrêté s'ils étaient trois jusqu'à six inclusivement ;

La prime est de 30 fr. par fraudeur arrêté quand la bande aura été formée de trois fraudeurs à cheval ou plus de six à pied. (*Circ.* 2023. *Déc. minist. du* 12 *juil.* 1816.)

Fraudeurs en voiture. La prime est de 30 francs par fraudeur arrêté, quel que soit le nombre de ceux-ci. (*L. C. n°* 350, *du* 20 *mars* 1877.)

Marchandises détruites ou spoliées. La prime n'en demeure pas moins acquise aux saisissants. (*Circ.* 2023.) (Certificat à produire.)

Il faudrait, bien entendu, pour que la prime, soit acquise, qu'en dehors des conditions de poids, valeur, etc., énumérées par la circulaire 2023, la saisie des marchandises entraînât l'arrestation des prévenus. (V. MARCHANDISES.)

Chiens abattus. La prime est de 3 fr. : chiens chargés, chiens de corde ou de défense, chargés ou non, chiens exportés. Cette prime est indépendante de celle qui est allouée pour l'arrestation des conducteurs. (*Déc. du* 15 *mai* 1820.)

Si l'un des préposés est accompagné d'un chien destiné à combattre ses congénères, il lui revient les 2/3 de la prime et le 1/3 à son collègue. (*Déc. du* 1er *déc.* 1855.)

Exportation des chiens. L'arrestation d'individus exportant des chiens de forte race donne droit à la prime dans les conditions rappelées par la circulaire n° 2023.

Modification de la circ. n° 2023. En aucun cas la prime ne sera plus prélevée sur le produit de l'affaire. (*Circ. du* 18 *mars* 1904, *n°* 3408.)

Primes d'arrestation allouées par l'Administration des Contributions indirectes.

Tabacs. Poudres à feu. La prime est de 15 fr. par individu arrêté contre lequel il aura été rédigé un procès-verbal constatant la saisie de 500 grammes ou plus de tabac ou poudres à feu (tabac de cantine également, lorsqu'il y aura lieu à arrestation). (*Ordonnance des* 17 *nov.* 1812 *et* 5 *oct.* 1842. V. *circ. du* 12 *avril* 1837, *n°* 1618.)

Fabricants frauduleux d'allumettes chimiques. Prime de 10 fr. par individu arrêté. (*Circ. du* 22 *août* 1895, *n°* 2584, *décr. du* 6 *août* 1895.)

Phosphore. Prime de 10 fr. par arrestation d'individu (importateur ou détenteur.) (*Circ. n°* 2604 ; *du* 22 *oct.* 1895)

Allumettes saisies à l'importation. La prime de 10 fr. par individu arrêté ne sera acquise que lorsque le procès-verbal relatera la saisie de 500 allumettes de fraude ou plus, à moins que dans la quinzaine le porteur n'ait déjà été arrêté avec des quantités suffisantes pour parfaire le minimum. (*Circ. du* 1er *févr.* 1899, *n°* 2998.)

Mineurs de moins de 16 *ans* (Tabacs et allumettes). La prime ne sera acquise que si ces mineurs étaient condamnés comme ayant agi avec discernement. (*Déc. de l'Adm. des Contr. ind. du* 11 *mai* 1901. *Lettre adm. du* 30 *mai* 1901.)

Allumettes et tabacs détruits. La prime pour tabacs détruits est de 50 fr. les 100 kgr. ; elle est de 0 fr. 10 par 1000 allumettes en bois et de 0 fr. 30 par 1000 allumettes en cire. Cette prime, sauf déduction de la part réservée à l'indicateur s'il y a lieu, revient intégralement aux saisissants. (*Circ. du* 11 *janv.* 1895, *n°* 2489 ; *circ. n°* 2022, *du* 14 *mai* 1890.)

Pièces à produire à l'appui des demandes de primes. (V. *circ. du* 8 *oct.* 1833, *n°* 1405) (sauf la quittance)

Lorsqu'une prime d'arrestation est payable par les Contributions indirectes, le service doit, pour l'obtenir, rédiger procès-verbal. Si elle devait être allouée en totalité par l'Administration des Douanes, l'absence de procès-verbal n'en priverait pas les capteurs. (*Déc. du* 10 *mars* 1897.)

Personnes étrangères aux Douanes qui arrêteraient des contrebandiers. Toucheraient aussi la prime. (*Circ. du* 28 *févr.* 1845, *n°* 2056 ; *Déc. minist. du* 15 *févr.* 1845.)

Sauf le cas rappelé sous le titre « *Chiens abattus* », il ne peut être alloué deux primes pour un même fait d'arrestation. (V. *Circ. du* 6 *mars* 1819, *n°* 473.) La prime la plus avantageuse serait réclamée. (*L. C. du* 2 *nov.* 1882, *n°* 618.)

Contrainte par corps. V. *Rec. méth.*, *p.* 104, *et circ. du* 4 *fév.* 1876, *n°* 1297.)

Arrestation en vertu de mandement de justice. Pour que la prime soit acquise, il faut que l'arrestation ait été précédée de recherches toutes spéciales. (*Déc. du* 2 *sept.* 1891.)

Primes allouées par le Ministre de la Guerre et celui de la Marine.

Arrestation de déserteurs. La gratification est de 25 francs, mais il faut que la capture ait eu lieu 48 heures après l'absence illégale du militaire. (*Décr. du* 12 *janv.* 1811. *Guerre,* 16 *mars* 1827.)

Arrestation de déserteurs de la marine. La gratification est de 25 francs, 6 ou 5 francs, suivant le cas. (V. *Circ. du* 21 *oct.* 1895, *n°* 2603. *Décr. du* 7 *oct.* 1895.)

Pour que les agents puissent toucher la gratification pour capture de déserteurs, il faut qu'ils justifient qu'ils se sont mis spécialement à leur recherche. (*Guerre, inst. art.* 38.)

Voir le tableau des primes de capture. (*Rec. méth.*, *p.* 102 *à* 105.)

Procès-verbaux. *Du soin de rédiger.* Le soin de rédiger les procès-verbaux de saisie appartient *essentiellement* aux saisissants ; mais les receveurs doivent prendre directement le soin de cette rédaction matérielle dans le cas d'incapacité des saisissants et d'absence des chefs des brigades. Ils sont responsables des vices de forme. Ils doivent s'opposer à l'effet des procès-verbaux quand ils ne verraient pas de motif légal de saisir. (*Circ. du* 22 *avril* 1845, *n°* 2061.)

On doit rédiger tout de suite. Il est procédé aussitôt à la rédaction, à moins d'un cas de force majeure ou de survenance de la nuit. Dans ce dernier cas, les agents devront se mettre en route de façon à arriver à l'heure d'ouverture du bureau, après avoir gardé prévenus et marchandises sans divertir à d'autres actes, ce qu'il conviendra de faire ressortir. (V. *Cass.*, 26 *sept.* 1833 ; *circ. du* 28 *oct.* 1833, *n°* 1408. *Cass.*, 5 *déc.* 1834 ; *circ. du* 27 *déc.* 1834, *n°* 1469.) Le retard provenant de la nécessité d'observer les lois sanitaires constitue également un cas de force majeure. (*Cass.*, 14 *juin* 1837 ; *circ. n°* 1646.)

Formes que les procès-verbaux doivent revêtir. Cas de nullité. (*Loi du* 9 *floréal an VII. Tabl. des Contr.*, *p.* 135.)

Présentation des faits. Doivent être présentés dans l'ordre chronologique le plus rigoureux. Ainsi, par exemple, les intervenants ne doivent pas être dénommés immédiatement à la suite des saisissants. (*Circ. du* 9 *janv.* 1901, *n°* 3150.)

Les agents doivent s'attacher à ne dire que la vérité et à la dire tout entière ; en s'écartant de cette règle, ils s'exposeraient à être sévèrement punis et même à être traduits devant la cour d'assises pour crime de faux.

Les procès-verbaux peuvent être rédigés les jours de fête. (*Cass.*, 23 *brumaire an VII.*)

Les procès-verbaux, citations et affiches devront être faits tous les jours indistinctement. (*Loi du* 9 *floréal an VII, art.* 6.)

Ils peuvent être commencés sur place et clos au bureau lorsqu'il y a impossibilité de conduire immédiatement les marchandises à ce bureau. (*Cass.*, 17 *févr.* 1836, *circ. n°* 1543. *Cass.*, 10 *août* 1833, *circ. n°* 1403.)

Pour constater une saisie, *il suffit que deux des préposés ou citoyens qui l'ont faite* dressent et signent le procès-verbal. (*Cass.*, 5 *janv.* 1810.) Mais, bien que rédigé par deux agents, il serait nul s'il résultait de ses termes qu'un seul agent a constaté la contravention. (*Cass.*, 23 *juin* 1896.)

Demeure des saisissants. Il suffit que cette indication soit collective. (*Cass.*, 5 *déc.* 1834; *circ. du* 27 *déc.* 1834, *n°* 1469.) Par demeure on entend le lieu de résidence. (*Cass.*, 18 *mars* 1836.) S'il s'agit d'un hameau, il n'est pas nécessaire d'ajouter le nom de la commune. (*Cass.*, 12 *janv.* 1821.)

Un procès-verbal peut être rédigé en plusieurs contextes. Il suffit dès lors que ses parties réunies renferment toutes les formalités essentielles. (*Cass.*, 10 *août* 1833 ; *Circ. n°* 1403, *du* 14 *sept.* 1833, *Cass.*, 17 *févr.* 1836.)

Mais il faut indiquer la cause qui oblige à suspendre l'opération, l'heure à laquelle elle sera reprise et, pour chaque contexte, mentionner la date et l'heure de leur ouverture et de leur clôture. (*Pand. Franç.*, *n°* 2882.)

Sommation doit être faite au prévenu d'assister à la description des objets saisis. (*Loi du* 9 *floréal an VII*, *art.* 3.)

Affichage. (V. *Circ. du* 26 *févr.* 1834, *n°* 1427, *et* 23 *mai* 1831, *n°* 1263.)

Copie remise au prévenu ou affichée à la porte du bureau. Doit être signée par deux au moins des saisissants. (*Cass.* 23 *oct.* 1807, 2 *oct.* 1824.)

Forestiers. En cas de délit imputé aux agents forestiers, on doit, avant de donner aux procès-verbaux aucune suite autre que l'affirmation et l'enregistrement, les communiquer à l'Administration et attendre sa décision. (*Circ. lith. du* 27 *sept.* 1853. V. *Delandre-Doussin*, *n°* 1013.)

Militaires. Tout individu, même militaire, prévenu d'infraction aux lois de douanes, est, dans tous les cas, justiciable des tribunaux ordinaires. (*Cass.*, 18 *sept.* 1829 ; *circ. du* 26 *nov.* 1829, *n°* 1192.)

Toutefois, à moins de circonstances exceptionnelles, on se borne à les déposséder et à les signaler à l'autorité militaire.

Soumission remplaçant le procès-verbal. Lorsqu'il n'y a pas intérêt à prendre un jugement, le service peut s'abstenir de rédiger procès-verbal, si le prévenu souscrit immédiatement une transaction. (*Déc. du* 14 *oct.* 1896.)

Des cas où la prime est due. Si la prime est allouée en totalité par l'Administration des Douanes, la soumission suffit pour la faire obtenir. (*Déc. du* 10 *mars* 1897.) Mais si la prime doit être réclamée aux Contributions indirectes, un procès-verbal est nécessaire. (*Déc. du* 20 *nov.* 1896.)

Prévenu ne comprenant pas la langue française. La loi n'exige pas l'interprétation. (*Metz*, 1er *juill.* 1829.)

Valeur des marchandises. Tabac, 12 fr. 50 le kilogr. ; cigares et cigarettes, 50 fr. (V. *Cass.*, 23 *janv.* 1874 ; *déc. du* 12 *sept.* 1902), allumettes, etc., comme du reste tous les autres objets, le prix de leur valeur en France,

Inconnus. On ne verbalise que si la valeur des marchandises saisies excède 50 francs.

On doit toujours verbaliser lorsqu'il s'agit d'une bande. (*Déc. du* 23 *déc.* 1834.)

D'après une décision du 16 juin 1887, on devrait rédiger procès-verbal toutes les fois que la valeur de la marchandise pourrait couvrir les frais fiscaux de l'affaire.

V. Minuties. V. Contentieux.

Saisie comprenant des marchandises prohibées ou assimilées et des marchandises tarifées à moins de 25 fr. les 100 kgr. On peut ne faire qu'un seul procès-verbal ; le tribunal correctionnel sera compétent pour statuer sur le tout. (Dans ce sens, *Cass.*, 18 *déc.* 1806.) Mais alors il faudrait rappeler toutes les lois violées et énoncer les amendes encourues.

Réunion de personnes. Aggravation de peine. Les personnes qui prennent une part active et matérielle au transbordement ou au débarquement frauduleux de marchandises prohibées ou assimilées doivent être considérées comme ayant agi en réunion. (*Doc. cont. n°* 319.)

V. Bureaux. Contentieux. Opposition.

Propriétaires des marchandises saisies. Ne peuvent les revendiquer en justice, alors même que le procès-verbal aurait été rédigé contre inconnus. (*Loi du* 23 *août* 1791, *titre* XIII, *art.* 1er.)

V. une exception à NAUFRAGES.

Propriétés limitrophes. *Belgique.* (*V. Loi du* 29 *déc.* 1901 ; *circ. du* 7 *janv.* 1902, *n°* 3215 ; 30 *janv.* 1900, *n°* 3082 ; *Loi du* 17 *févr.* 1893 ; *circ. du* 22, *n°* 2261.)

Espagne. (*Circ. du* 11 *déc.* 1897, *n°* 2860.)

Italie. (*Circ. du* 20 *oct.* 1893, *n°* 2352. V. *décr. du* 31 *mars* 1861 ; *circ. du* 17 *avril* 1861, *n°* 749.)

Propriétés privées. V. PASSAGES.

Provisions de bord. Seront soumises au tarif pour toute quantité excédant le nécessaire. (*Loi du 4 germinal an II* ; *circ. du* 22 *oct.* 1829, *n*° 1185)

Publication d'écrits concernant des questions d'ordre administratif.

L'autorisation doit être demandée. (*Circ. du 4 déc.* 1901, *n*° 3211.)

Punitions et Récompenses. (V. *Règl. du* 8 *juin* 1896; *circ. du* 20 *juin, n*° 2681.)

L'art. 27 est modifié comme suit : Les réclamations doivent être faites par écrit et remises au chef du grade immédiatement supérieur à celui qui a infligé la punition. (*Circ. du* 12 *déc.* 1903, *n*° 3384.)

Le carnet des punitions est supprimé. (*Déc. du* 22 *juill.* 1903.)

Si, à la date où l'encouragement lui est décerné, l'agent se trouve sous le coup de plusieurs numéros d'avertissement, il y a lieu d'effacer celui des numéros qui à cette date subsiste dans son intégrité, l'agent devant conserver le bénéfice du temps écoulé pour l'extinction du numéro en cours. (*Déc. du* 6 *juill.* 1897.)

Feuille de punitions et récompenses. Les agents doivent la viser dans la colonne *Observations,* en regard de l'inscription de chacun des motifs des punitions et récompenses. (*Déc. du* 16 *mai* 1904)

V. Récompenses.

Q

Quart de place. V. Chemins de fer.

Quarts. V. Gamelles.

Quittances. Vente des objets réformés au profit de la masse, timbre de 0 fr. 10 pour toute somme supérieure à 10 francs ; 0 fr. 25 pour ceux vendus au profit des domaines. (*Déc. du* 13 *mars* 1902) Une quittance administrative, exempte du timbre, est délivrée par le receveur des douanes le plus voisin. (*Déc. du* 4 *mars* 1904.)

V. Timbres.

R

Ralliement (V. Mot de).

Rapports. Sont rédigés impersonnellement, sans formule de salutation, et produits en simple expédition. (*Circ. du* 21 *nov.* 1896, *n°* 2743.)

Les chefs appelés à les produire sont tenus de prendre des conclusions motivées. (*Circ. du* 30 *janv.* 1817, *n°* 247.)

V. Correspondance, Indicateurs, Registre de travail.

Rapports généraux de service. Sont produits par semestre, mais les faits méritoires doivent être signalés immédiatement. (*Circ. du* 18 *janv.* 1900, *n°* 3079.) V. Format.

Rapport de passage de bande. (V. *Circ. du* 10 *mars* 1819, *n°* 474.)

Ratures. (*Rec. méth.*, *n°* 5.)

Rayon des frontières de terre. Est d'une profondeur de 20 kilom., en prenant la mesure à vol d'oiseau. (V. *Loi du* 22 *août* 1791, *titre XIII.*, *art.* 42. *Loi du* 8 *floréal an XI*, *art.* 84. *Cass.*, 28 *juill.* 1806.)

Cette profondeur peut être portée à 25 kilom., là où la mesure de 20 kilom. n'offrirait pas de positions convenables au service. (*Loi du* 28 *avril* 1816, *art.* 36.)

Rayon des frontières maritimes. Il s'étend à 20 kilom. en mer. (*Loi du* 4 *germinal an II*, *tit. II*, *art.* 3.)

On ne doit réputer côtes maritimes que les endroits baignés par les eaux de la mer à marée basse. (*Cass.*, 9 *messidor an VII.*)

A l'égard de certaines marchandises, les agents peuvent exercer leur surveillance sur terre, la nuit, dans la distance d'un myriamètre des côtes ou des fleuves aboutissant à la mer. (*L. du* 8 *floréal an XI*, *art.* 85. *Tabl. des Contr.*, *p.* 143.)

Réadmission. V. Démissionnaires. Les agents dont la réadmission aura été autorisée ne prendront rang qu'à la suite de la liste de la Direction où ils servaient précédemment, ou — s'ils étaient sous-officiers — à la suite du tableau d'avancement établi pour le grade dont ils étaient pourvus. (*Déc. du* 3 *avril* 1901.)

Rebat. (V. *Circ. du* 10 *mars* 1819, *n°* 474.) V. pistes.

Rébellion V. Opposition.

Recensement. V. Compte ouvert.

Recherches. V. Gares, Visites domiciliaires.

Récolement du matériel. (V. *Circ. du* 18 *sept.* 1838, *n°* 1709; 16 *mai* 1846, *n°* 2113.)

Récompenses. (*Règl. du* 8 *juin* 1896; *circ. du* 20 *juin*, *n°* 2681.)

Lorsque les titres des intéressés le comporteront, il pourra être accordé 2 ou 3 encouragements ou 2 ou 3 témoignages pour une même affaire. (*Déc. du* 8 *juin* 1904.)

V. Punitions.

Recrutement des brigades. *Règl.* (*Circ. du* 1er *déc.* 1899, *n°* 3072.) Le 2e § de l'art. 1er est modifié par une déc. du 15 déc. 1902. Les caporaux sont aussi compris dans cette catégorie. La demande de ces gradés (sous-officiers et caporaux) est transmise à l'Administration, par l'intermédiaire de leurs chefs militaires.

Interprétation du règl. (*L. ad. du* 17 *févr.* 1900.)

La prison n'est une cause d'exclusion que si elle a été infligée pour des motifs graves. (*Déc. du* 24 *mai* 1902.)

Admission des postulants mariés. (*Circ. du* 11 *nov.* 1897, *n°* 2847. V. *déc. du* 25 *nov.* 1897.)

Examen des postulants. Les mesurer. Ne pas se rapporter aux indications du livret militaire. (*Déc. du* 20 *févr.* 1902.) Recommandation pour la visite. (*Déc. du* 21 *janv.* 1903.) Postulants atteints de myopie. Doivent être refusés (*Déc. du* 18 *déc.* 1902.) Produire la formule en usage pour les postulants coloniaux. (*Déc. du* 21 *janv.* 1903.)

Instruction de candidature. Ne doit pas être poursuivie lorsqu'il est établi que l'intéressé est sous le coup d'une cause d'exclusion. (*Déc. du* 30 *juill.* 1903 ; *Déc. du* 7 *oct.* 1904.)

Pièces à produire par les postulants.

1° Expédition de l'acte de naissance, sur timbre à 1 fr. 80, légalisée ;

2° Certificat en original de bonne conduite au corps ;

3° Relevé des punitions encourues au régiment ou dans les équipages de la flotte. Est demandé au recrutement. Si cette pièce était refusée à un postulant, celui-ci devrait justifier de ce refus et faire connaître par écrit les punitions encourues. Le prévenir que s'il donnait des renseignements faux, il serait rayé des cadres après l'arrivée de son livret matricule à la Direction. (*Déc. du* 6 *août* 1901.)

4° Certificat de bonnes vie et mœurs délivré par les autorités locales. (Cette dernière pièce n'est pas fournie si le candidat est rentré dans ses foyers depuis 3 mois ou moins.)

L'extrait du casier judiciaire *Bulletin n°* 2 est demandé par le Directeur. (*Déc. du* 26 *janv.* 1900.) Le bulletin n° 3 n'est plus fourni par les intéressés. (V. *Déc. du* 28 *mai* 1904 au sujet des surnuméraires.)

Si le postulant est marié, il devra produire en outre :

5° Expédition de son acte de mariage, timbrée et légalisée ;

6° Attestation, délivrée par l'autorité municipale, de la moralité de sa femme.

Prévenir les préposés célibataires que s'ils venaient à se marier avant d'être appelés, ils devraient en informer aussitôt que possible le Directeur, afin qu'une enquête fût faite sur leur femme et sur les parents de celle-ci.

Postulant ayant accompli plus que la durée normale du service militaire et se trouvant âgé de plus de 25 *ans.* Passer outre à la condition d'âge. (*Déc. du* 2 *oct.* 1901.)

Matelots comptant 54 *ou* 56 *mois de présence au corps.* Le cas serait à examiner par l'Administration. (*Déc. du* 2 *oct.* 1901.)

Préposés à demi-solde. Les fils d'agents décédés peuvent aussi être admis comme demi-soldiers. (*Déc. du* 5 *mars* 1901.) V. *le Règl.*, *art.* 1er, § 3.

Les agents entrés dans les cadres comme demi-soldiers et reconnus inaptes au service militaire sont licenciés. (*Déc. du* 4 *juill.* 1901.)

Examen. Les demi-soldiers nommés à solde entière ne subissent l'examen exigé par le règlement qu'au moment de leur réintégration, après avoir accompli leur service militaire. (*Déc. du* 11 *févr.* 1904.)

Dictée. C'est de 10 lignes de texte imprimé qu'il s'agit, et non de 10 lignes d'écriture. Ne pas exiger les épreuves d'orthographe et de calcul des postulants ayant un motif d'exclusion. (*Déc. du* 21 *oct.* 1903.) V. ORTHOGRAPHE. (V. *Déc. du* 24 *nov.* 1903.)

Tours de choix. Des tours de choix pourront être réservés aux postulants dignes d'intérêt, fils d'agents ou d'anciens agents, postulants ayant des services militaires brillants ou un degré d'instruction supérieur à la moyenne, etc. (*Déc. du* 19 *janv.* 1903), ainsi qu'aux postulants inscrits et sur le point de se trouver atteints par la limite d'âge de 27 ans. (*Déc. du* 9 *juin* 1904.)

Douanes coloniales. Transmettre les demandes des agents lorsqu'elles se produiront. (*Déc. du* 6 *juin* 1903.)

Examen médical. (V. *L. ad. du* 1er *juill.* 1898.) Si les postulants ne réunissent pas les conditions voulues par le règlement, les refuser et informer l'Administration du motif d'exclusion. (*Déc. du* 4 *juin* 1901.)

V. CHANGEMENT DE DIRECTION, BULLETIN INDIVIDUEL, RÉADMISSION.

Reçus. V. QUITTANCES.

Registre de travail. V. ACCIDENTS. (V. les recommandations faites par la circ. du 15 mars 1833, n° 1377.)

Registres et Impressions. *Livraison aux domaines.* (V. *circ. du* 12 *mai* 1898, *n°* 2921, *modifiant celle du 2 août* 1827, *n°* 1057.)

Sont conservés indéfiniment. Registres d'événements. Registres d'ordre. Feuilles de signalement. Etats de topographie.

Sont gardés 15 ans : les bordereaux d'appointements, les registres d'arrivée et de départ.

Sont gardés 6 ans : les journaux de travail, les registres de travail et les rapports.

V. ETAT.

Reliure. V. CIRCULAIRES

Renvois et apostilles. (*Rec. méth.*, *n°* 4.)

Répartitions. (V. *l'intéressante circ. du* 11 *janv.* 1890, *n°* 2003, *et le décret du* 31 *déc.* 1889.)

Attaquants et intervenants. Service commun exécuté par plusieurs escouades. Les seuls saisissants sont les attaquants, les autres agents ne touchent que la part d'intervenant. (*L. C. du* 22 *mars* 1876, *n°* 298 ; *circ. n°* 2003, *p.* 14.)

Les agents qui n'interviennent que pour garder les charges abandonnées ne sont pas compris dans la répartition du produit de la saisie. (*Rép. de l'Administration au Dir. de Valenciennes du* 12 *oct.* 1899.)

V. ETAT SUPPLÉTIF. (V. *Circ. n°* 3074.)

Réquisitions par les autorités. (V. *L. du Minist. de l'Intérieur, du Minist. des Fin., datées des* 6 et 13 *nov.* 1899, *au sujet d'une grève.*)

Les agents des douanes ne peuvent être détournés du service constamment actif pour lequel ils sont commissionnés et salariés par le gouvernement (*Arr. du* 12 *floréal an II.*)

Les chefs locaux demeurent juges de la possibilité d'accorder le concours de la Douane aux autorités constituées qui, dans certaines circonstances, pourraient le réclamer, et c'est toujours à eux que la demande doit en être adressée. (*Déc. du* 12 *août* 1839.)

En dehors du service et des exercices militaires, les brigades ne peuvent être mises sous les armes que sur la réquisition écrite de l'autorité civile ayant légalement le droit de réquisition. (*Déc. du* 28 *mai* 1880.)

Elles ne peuvent être requises que comme force armée et à défaut de gendarmerie ou de troupes en nombre suffisant. La réquisition ne peut avoir pour objet qu'un service à accomplir dans la circonscription sur laquelle s'étend l'autorité du fonctionnaire requérant. En dehors de ces conditions, il y a lieu à entente, et non à réquisition. (*Déc. du* 24 *juin* 1881.)

Les autorités civiles qui sont en droit de faire des réquisitions sont : les préfets, les sous-préfets, les maires, les adjoints au maire, les procureurs généraux près les cours d'appel, les procureurs de la République et leurs substituts, les présidents des cours et de tribunaux, les juges d'instruction, les juges de paix et les commissaires de police.

Les réquisitions doivent être faites par écrit.

(*Art.* 64 *du décr. du* 4 *oct.* 1891.) *Service des places, p.* 75.

Réquisitions à faire aux autorités. Les commandants militaires, les préfets, les sous-préfets et les maires sont tenus de prêter main forte aux agents des Douanes, et les troupes et la gendarmerie de la leur donner à première réquisition.

(*Loi du* 22 *août* 1791, *titre XIII, art.* 14. *Tabl. des Contr., p.* 121.)

Rappeler cette loi dans la réquisition.

V. Transport, Expropriation.

Responsabilité civile. (V. *art.* 1384 *du Code civil.*)

Les parents sont responsables des infractions commises par leurs enfants mineurs habitant avec eux.

Les instituteurs et les artisans, de leurs élèves et apprentis *au moment où ils sont sous leur surveillance.* Toutefois la responsabilité de l'Etat est substituée à celle des membres de l'enseignement public. (*Loi du* 20 *juill.* 1899.)

Les maîtres, de leurs domestiques, *pendant le temps de leur service.* (*Art.* 1384.)

Propriétaires des marchandises. Sont civilement responsables du fait de leurs *facteurs, agents, serviteurs et domestiques* (*Loi du* 22 *août* 1791, *titre XIII, art.* 20), et cela, alors *même que la fonction de ceux-ci ne serait que temporaire.* (*Pand. Franç.*, *n°* 2728.)

Cette loi vient s'ajouter à l'art. 1384.

Les *compagnies de chemin de fer* sont également responsables de leurs agents, pendant leur service. (Lyon, 9 avril et 1er juill. 1872.)

En principe, le mari n'est pas responsable des délits commis par sa femme, à moins qu'elle ne remplisse auprès de lui les fonctions d'un domestique à gages. (*Pallain*, p. 565, t. II.)

Responsabilité pénale.

Elle peut peser sur les conducteurs de voitures publiques et autres transporteurs, pour des faits d'introduction frauduleuse auxquels ils seraient restés étrangers, la bonne foi n'étant pas une excuse admissible. (*Cass.*, 14 *mars* 1884.) Il en est ainsi pour certains agents de chemin de fer préposés à la conduite. Pour être affranchis de toute responsabilité, il faut qu'ils mettent la Douane à même d'exercer des poursuites efficaces contre les coupables. (*Cass.*, 22 *mai* 1818.)

Colis postaux. La responsabilité est inapplicable pour le transport de ces colis. (*Cass.*, 23 *janv.* 1885.)

Retenues. V. Masses, Casernement, Prélèvements, Service de santé, Appointements (1er douzième).

Retraites. (V. *Loi du 9 juin* 1853; *circ. du* 31 *déc. suivant, n°* 173 ; *décr. du* 9 *nov.* 1853; *loi du* 26 *févr.* 1887 ; *circ. du* 30 *juill.* 1887, *n°* 1858. *Loi du* 13 *avril* 1898, *abaissant la limite d'âge à* 50 *ans; circ. du* 23 *avril* 1898, *n°* 2906.) Contre-visite médicale à faire subir, le cas échéant. (*L. C. n°* 864, *du* 23 *mars* 1887.)

Majoration. Conditions à remplir. (*L. ad. du* 17 *nov.* 1903.)

Formation des états. (*Déc. du* 9 *oct.* 1902 *modifiée par celle du* 9 *nov.* 1903.) Mentions à faire figurer le cas échéant : Agents ayant servi dans d'autres administrations de l'Etat (*Déc. du* 10 *juill.* 1901). Agents ayant été rétrogradés. Indiquer le motif, la descente de classe et la remise de galons motivées par des convenances personnelles n'entraînant pas la perte du bénéfice du grade que l'agent avait obtenu à l'armée. (*Déc. du* 11 *nov.* 1903.)

Certificat d'invalidité. Est produit sur papier libre. (*Déc. du* 30 *juin* 1899.)

Maintien en activité (facultatif) jusqu'à la délivrance du brevet de pension. (Les intéressés doivent faire connaître leur intention à ce sujet au moment des propositions. Cette mesure ne peut concerner que ceux qui ont l'âge et la durée des services réglementaires, et non ceux qui produisent un certificat d'invalidité. (*Circ. du* 27 *juill.* 1897, *n°* 2821 ; *décr. du* 27 *mai* 1897.)

Maintien en activité à la suite d'accidents contractés en service jusqu'à la remise du brevet de pension. (V. *Déc. du* 11 *nov.* 1902.)

Maintien en activité au delà de la limite d'âge. (V. *arr. minis. du* 28 *oct.* 1897 *abrogeant celui du* 27 *déc.* 1883 ; *circ. du* 5 *mars* 1898, *n°* 2886.)

Les employés mis hors de service par des actes de dévouement obtiennent droit à pension au même titre que s'il s'agissait de luttes avec les contrebandiers. (*Circ. du* 31 *mars* 1846, *n°* 2105.)

Veuves et orphelins. Majoration. (*Loi du* 13 *avril* 1898 ; *circ. du* 23, *n°* 2906.) *Provisions de pensions.* Leur sont aussi acordées. (*Circ. du* 24 *janv.* 1868, *n°* 1084.) Les chefs locaux font établir et transmettent leurs dossiers de reversion de pension. (*Circ. du* 23 *sept.* 1854, *n°* 228.)

Veuves. Certificats de non-séparation de corps et de non-divorce. Doivent mentionner qu'ils ont été établis sur la déclaration de la veuve et en présence de deux témoins. (*Déc. du* 24 *oct.* 1900.)

Acte de naissance. La production est inutile toutes les fois que la date et le lieu de naissance sont relatés dans l'acte de mariage. (*Déc. du 7 févr.* 1903.)

V. Disponibilité.

Reversion de pension. Production de la copie du brevet. (V. *Déc. du 8 sept.* 1899.)

Rétrogradations. Révocations. V. Concours, Démissionnaires. (*Art.* 9 *du règl. du* 8 *juin* 1896, *circ. du* 20, *p.* 20. V. *circ. du* 7 *août* 1848, *n°* 2270.)

Revues. Sauf le cas de nécessité, les revues ne doivent pas être passées les dimanches et jours fériés. Les Brigadiers passent une revue par mois. Cette revue porte sur tous les objets et effets entre les mains des hommes. Mention de ce service est faite au registre de travail. (*Déc. du* 16 *sept.* 1903.)

Les Capitaines et Lieutenants effectueront une inspection analogue par trimestre. (*Même déc.*)

Partout où la dissémination du personnnel serait un obstacle sérieux à la réunion sur un même point des vêtements, armes, etc..., les chefs de poste ne procéderont qu'une fois par trimestre à la revue, soit de la totalité, soit d'une partie à désigner des effets et objets dont il s'agit. (*Déc. du* 7 *déc.* 1903.)

Revolvers. V. Armes. Sont remis gratuitement aux officiers, et inscrits aux inventaires. (*Circ. man. du* 16 *avril* 1880.)

Riverains. *Pain importé en franchise.* On doit entendre par riverains, les personnes habitant l'extrême frontière et non les habitants des communes, hameaux, etc., situés en arrière des localités limitrophes de la frontière. (*Déc. du 1er juill.* 1895.)

Rivières. V. Bacs.

Rôles d'appointements. V. Appointements.

Route du bureau. V. Chemin direct.

S

Saccharine et substances similaires. *Circulation dans le rayon des frontières de terre sans expédition ou avec une expédition inapplicable.* Sont saisissables en vertu de l'art. 38 de la loi *du* 28 avril 1816. (*Tabl. des Contr.*, p. 150. *Circ. du* 28 *avril* 1902, *n°* 3247, *et ses annexes. Loi du* 30 *mars* 1902 *et décr. du* 12 *avril suivant.*) En cas de rupture des scellés apposés sur les colis. Procès-verbal à la requête des Contributions indirectes. (*Même circ.* V. *circ. du* 31 *mars* 1896, *n°* 2656, *p.* 125.)

Saisies. V. Procès-verbaux, Contentieux.

Saisie-arrêt. Ne peut porter que sur le dixième des traitements de 2000 fr. et au-dessous. (*Circ. du* 4 *fév.* 1895, *n°* 2498. *Loi du* 12 *janv.* 1895.)

Retenue volontaire. Des termes de l'art. 2, on peut inférer que, sans contrevenir au vœu de la loi, les agents dont le traitement n'est pas frappé de saisie-arrêt ont la faculté de consentir à une retenue allant jusqu'à deux dizièmes. (*Même circ.*)

Significations. Ne peuvent être faites qu'aux Receveurs principaux. Les capitaines et lieutenants indépendants auront donc à refuser toute opposition que l'on voudrait faire entre leurs mains. (*Circ. du* 26 *juin* 1896, *n°* 2687.)

Mainlevée des oppositions. (*Circ. du* 6 *avril* 1897, *n°* 2784. V. *circ. du* 14 *févr.* 1895, *n°* 2503.)

Saisie à domicile. V. Visites domiciliaires.

Saisissants. V. Répartitions.

Salle d'ordre. V. Bureau d'ordre.

Sauvetages. Les chefs n'auront droit à une indemnité que dans les opérations qui se feront à plus de 4 kilom. de leur résidence. (*Circ. n° 602, du 19 sept.* 1820.)

L'indemnité sera la même, soit en vacations, soit en frais de route, que celles dont jouissent, pour les mêmes cas, les officiers et employés de la marine de l'Etat. (*Art.* 1er *de l'arrêté du* 20 *floréal an XIII.*)

Il ne sera jamais rétribué qu'un seul chef. Cette qualité n'appartient pas au receveur, et les indemnités seront toujours dévolues au chef de la partie active. (*Circ. du* 28 *fév.* 1815.) V. NAUFRAGES.

Si l'inspecteur et le capitaine se trouvent ensemble sur le lieu du naufrage, il convient que le premier cède à celui-ci le droit aux indemnités. (*Circ. du* 28 *févr.* 1815. *Déc. du* 7 *sept.* 1855.)

(V. *déc. du* 2 *avril* 1894 et *du* 1er *juin* 1891.)

V. *déc. du* 1er *oct.* 1904 *rappelant le décret du* 26 *juil.* 1903 *et la déc. du Ministre de la marine, du* 18 *mars* 1904.

Secrétaires. Prennent part au service de jour et de nuit de la brigade dans une mesure qu'il appartient au Directeur de fixer. (*Déc. du* 3 *juin* 1854. *L. C. du* 7 *avril* 1882, *n°* 562.)

Secours. Ne peut être renouvelé qu'après une année révolue. (*Déc. du* 28 *août* 1872.)

V. ALLOCATIONS.

Sergents-majors et fourriers. V. GALONS. Le ceinturon et la dragonne sont fournis sur les frais du matériel et repris aux inventaires.) (*Déc. du* 8 *avril* 1899.)

Serment. Tous les agents des douanes prêteront serment de remplir leurs fonctions avec fidélité.

(*Loi du* 1er *juin* 1791 ; *circ. du* 3 *mai* 1848, *n°* 2245.)

Le coût est de 5 fr. 63. (*Circ. du* 9 *juin* 1893, *n°* 2302.) L'agent qui change de grade ne renouvelle pas le serment, mais celui qui quitte l'administration doit de nouveau prêter serment lors de sa réadmission. (*Circ. du 8 févr.*) 1833. *n°* 1372.) Exception est faite en faveur des agents réadmis après avoir été en interruption de service pour obéir à la loi militaire (*Déc. du* 17 *mars* 1885) ou après la mise en disponibilité.

Service de santé. V. MASSES POUR LES RETENUES, HOPITAUX MILITAIRES.

Brigades non pourvues d'un service médical. Certificats médicaux affranchis du droit de timbre. (*Déc. du* 8 *oct.* 1903.)

Les indemnités de résidence et de tournées sont sujettes à retenue. (*Déc. du* 5 *févr.* 1870.)

En cas d'intérim d'officier, l'intérimaire doit subir cette retenue sur la part d'indemnités qu'il touchera ; la retenue ordinaire du titulaire se trouvera donc diminuée. (*Même déc.*)

Services civils. Comment ils entrent en ligne de compte. V. RETRAITES. MASSES, MÉD. DOUANIÈRE.

Services militaires. Sont comptés jusqu'au moment où ils cessent de droit et non de fait. (*Arr. du Conseil d'Etat du* 25 *sept.* 1861.)

On les calcule donc jusqu'au moment du passage dans la réserve, sauf pour les dispensés et pour les agents entrés dans les brigades avant cette époque, le double emploi ne devant pas avoir lieu.

Les agents du service actif sont dispensés du service dans la réserve et la territoriale. (*Décr. des* 20 *oct.* 1875 *et* 30 *sept.* 1876, *Marine. Décr. du* 10 *août* 1876.)

Signal d'alarme. Au cas d'événement extraordinaire, les agents se réunissent au bureau de leur chef de poste. (*Loi du* 2 *sept.* 1792.)

Signalement des chevaux. (*Circ. du* 22 *sept.* 1840, *n°* 1833.)

Signalements moraux. (V. *circ. du* 28 *mai* 1860, *n*° 642 ; 13 *déc.* 1841, *n*° 1888 ; 9 *déc.* 1831, *n*° 1290 ; 17 *mars* 1830, *n*° 1204.)

Le chef qui établit les notes signalétiques n'a pas le droit d'en donner copie ou communication en dehors de la voie hiérarchique. (*Déc. du* 3 *juill.* 1880.)

L'agent changé avant le 1er mars doit être noté par ses nouveaux chefs. (*Déc. du* 30 *juin* 1899. (V. *circ. du* 28 *mai* 1860, *n*° 642.)

Signatures. *Personnes ne sachant signer.* Les signatures des témoins doivent être légalisées par le maire s'ils sont étrangers à la Douane, et par leurs chefs s'il s'agit d'agents. (*Circ. du* 6 *févr.* 1826, *n*° 968.)

Significations. V. Actes d'huissiers.

Sous-Brigadiers et Sous-Patrons. Le Sous-Brigadier surveille les préposés en exécutant avec eux le service commandé par le Brigadier. Il supplée ce dernier en cas d'absence. (*Circ. du* 30 *janv.* 1817, *n*° 247.)

Le Sous-Patron est chargé de régler l'ordinaire de l'équipage sous la surveillance du Patron. Il partage avec celui-ci le service de bord, qui consiste à manœuvrer l'embarcation par périodes de 6 ou 12 heures alternativement. Il fait le quart à défaut d'un nombre d'hommes suffisant, ou surveille le quart des matelots. Il accompagne l'officier dans ses visites ou vérifications maritimes. (*Roux, page* 262. *M. des Brigades.*)

Sous-Patron nommé Sous-Brigadier après avoir concouru pour ce grade. Le temps passé comme Sous-Patron compte pour former les 18 mois exigés des candidats au grade de Brigadier, mais il faut 6 mois d'exercice effectif de grade de Sous-Brigadier pour pouvoir concourir. (*Déc. du* 24 *oct.* 1904.)

Sous-Brigadiers visiteurs. De même que pour le grade de Brigadier visiteur, il n'existe pas de concours. (V. *Règl.*)

Sous-Lieutenants. V. Lieutenants, Première Mise.

Stages militaires. *Officiers.* Indemnité journalière de 10 fr. pour les Capitaines; 8 fr. pour les Lieutenants et Sous-Lieutenants. (*Arr. minist. du* 20 *janv.* 1900. *L. ad. des* 20 *févr.* 1900 *et* 27 *mars* 1900.) Allocation spéciale de 3 fr. par journée passée aux grandes manœuvres. Ne sera accordée qu'à ceux détachés dans une garnison de leur résidence et ne touchant que le tiers de l'indemnité de 8 ou de 10 fr. (*Déc. du* 5 *juin* 1900.) Les officiers de Douanes ne sauraient prétendre à l'indemnité de rassemblement attribuée à leurs collègues de l'armée. (*Déc. du* 4 *juill.* 1899. V. *Déc. du* 28 *juin* 1900.)

Surcharges. (*Rec. méth. n°* 5.)

Sûreté générale. *Surveillance des frontières terrestres, du littoral et des établissements militaires et maritimes.* Les agents des Douanes doivent faire parvenir aux Commissaires spéciaux chefs de secteurs, par l'organe soit des Commissaires de la police municipale, des brigadiers de gendarmerie ou des gardes champêtres, les communications urgentes qu'ils ont à leur adresser. (*L. ad. du* 3 *avril* 1900. *Commentaire de l'arr. minist. du* 18 *juill.* 1899.)

T

Tabac de cantine. Est délivré aux agents inférieurs des brigades, sauf pour les gardes-magasins. (*Circ. du* 1er *mars* 1876, *n°* 1299.)

Mode de délivrance. Bon collectif. (*Circ. du* 13 *juin* 1902, *n°* 3255.)

Répression. (V. *Tabl. des Contr., p.* 82 *et suivantes. Loi du* 16 *avril* 1895; *circ. n°* 2562.)

Tabacs saisis. *Classement.* (*Décr. du* 1er *oct.* 1872. *Circ.* 1180.) Sont payés 200 fr., 150 fr. ou 125 fr. les 100 kil., selon leur qualité.

Tabacs à détruire. V. PRIMES.

Tableau des Contraventions. (*Circ. n°* 1782, *du* 26 *juin* 1886.) Les modifications apportées à ce tableau sont reprises aux circulaires des 6 avril 1903, n° 3316 ; 30 déc. 1895, n° 2626 ; 10 juill. 1895, n° 2562. (*Déc. du* 5 *juin* 1903.)

Taxe municipale des chiens. Les agents n'ont plus à faire l'avance du prix de cette taxe. Les feuilles d'avertissement sont centralisées par l'intermédiaire des capitaines entre les mains des Directeurs, qui délivrent un mandat au nom du Receveur principal. (*L. C. n°* 1124, *du* 30 *sept.* 1904.)

Télégraphes. V. FRANCHISES.

Télégraphistes. Une indemnité journalière de 1 fr. 50 leur est accordée par le département de la Guerre pendant leur période d'instruction. (*Guerre à Fin. L.* 9 *mai* 1896.)

Témoignage (Appel en). Les agents doivent obtempérer à la citation régulière qui leur est donnée à comparaître en justice, soit dans l'intérêt d'une partie privée, soit à la requête du ministère public. (*Circ. du* 9 *mars* 1836, *n*° 1532. *Déc. du* 1er *avril* 1842.)

Ils ne doivent pas se rendre devant un tribunal étranger pour y témoigner, mais ils peuvent envoyer officieusement des renseignements utiles, par l'intermédiaire de leurs chefs. Leur déposition pourrait être requise par voie diplomatique. (*Déc. des* 14 *oct.* 1859 *et* 26 *sept.* 1861.)

Tentative de contrebande. Est réprimée comme l'infraction elle-même. (V. *Tabl. des Contr., p.* 18.) Bien que l'art. 2 de la loi du 2 juin 1875 ne prévoie que la tentative de contrebande par mer, il n'en résulte pas moins que la tentative de contrebande par les frontières de terre doive être réprimée de la même façon. Le législateur de 1875 n'a pas entendu modifier les principes généraux en matière de douane. Aussi bien l'art. 3, visant la contrebande par terre, se réfère expressément à l'art. 7, tit. VI, de la loi du 21 avril 1818 qui attribue compétence aux tribunaux correctionnels pour connaître des faits de contrebande, soit que la contrebande ait été faite ou tentée par les frontières de terre ou par les côtes maritimes.

Tentative de corruption. Il est formellement interdit aux agents de tous grades, notamment aux sous-officiers et préposés, qui recevraient des offres d'argent de la part des fraudeurs, d'entrer en pourparlers suivis avec eux. Ceux qui seraient l'objet de sollicitations de ce genre devraient immédiatement en informer leurs chefs. (*Déc. du* 11 *avril* 1903.)

Tenue des officiers. Description du veston (*L. C. n*° 965, *du* 17 *févr.* 1890), du dolman, etc. (*L. C. n*° 837, *du* 2 *juin* 1886. V. *L. C. n*° 553, *du* 25 *janv.* 1882, *modifiée par les précédentes.*)

Les officiers et chefs divisionnaires doivent porter la tenue en service. (*Déc. du* 18 *oct.* 1899.)

V. Eperons. V. Capitaines.

Tenue des sous-officiers et préposés. Tenue de campagne (sur l'homme et dans le paquetage). (*L. C. du* 17 *mars* 1893, *n°* 1031.)

Nouvelle tenue. Description du veston et du képi (*Circ. du* 28 *nov.* 1903, *n°* 3378). Pantalon (*Cahier des charges du* 30 *oct.* 1900).

V. CEINTURES DE FLANELLE. BONNETS DE POLICE. CHAUSSURES. GALONS.

Les agents ne peuvent demander de drap en pièce que pour servir aux réparations. (*Déc. du* 2 *déc.* 1903.)

V. EXÉCUTION DU SERVICE.

Timbres de dimension. Pétitions et mémoires adressés à l'Administration et à ses agents sont établis sur timbre. (*Circ. du* 16 *sept.* 1898, *n°* 2965. V. *Circ. du* 4 *nov.* 1896, *n°* 2736, *p.* 46.)

Timbres de quittance. Des divers cas pour lesquels le timbre de 0 fr. 10 est dû. (*L. C. du* 31 *mai* 1876, *n°* 312. *L. C. du* 8 *juill.* 1874, *n°* 189. *Déc. du* 13 *mai* 1902.)

Agents en interruption de service, etc... Sont exonérés du timbre. (*L. ad. du* 3 *déc.* 1898.)

Tir à la cible. Instructions. (*Guerre, du* 9 *mars* 1901, *transmise le* 23 *avril.*)

Indemnités. (*Déc. du* 9 *mai* 1900. *Instruction du* 19 *mars* 1898.)

Les situations sont établies par cible.

Les préposés à demi-solde y prennent part. (*Déc. du* 5 *févr.* 1901.)

Les agents éliminés en sont exempts. (*Déc. du* 22 *mai* 1891.)

Transactions. Compétence. (*Déc. du* 4 *août* 1890 ; *circ. du* 25 *sept.* 1890, *n°* 2049. V. *Déc. du* 18 *déc.* 1902.)

Transport du matériel. (V. *L. C. n°* 821, *du* 1er *févr.* 1886). Renvoi au Directeur des certificats d'arrivée des acquits-à-caution, série O. 236 A. (*L. C. du* 27 *avril* 1904, *n°* 1119. V. *L. C. du* 21 *avril* 1882, *n°* 565.)

Transport des prévenus *ne pouvant marcher*. (V. *Circ. du* 27 *janv.* 1847, *n°* 2155.) Le décret à invoquer pour la réquisition est celui du 18 juin 1811.

Transport des troupes de douanes. A tarif réduit sur les chemins de fer (quart de place) en cas de mobilisation, convocation pour des manœuvres, exercices ou revues. Les Receveurs principaux font l'avance des fonds. (*L. C. du* 28 *déc.* 1889, *n°* 961.)

Travail rémunéré.

Sous-officiers et préposés	De 6 h. du matin à 7 h. du soir, 2 fr. l'heure.
	De 7 h. du soir à minuit, 3 fr. l'heure.
	De minuit à 6 h. du matin, 4 fr. l'heure.

(V. *Déc. minis. du* 7 *déc.* 1874. *Déc. des* 7 *juill.* 1893 ; 1er *mars* 1875 ; 27 *août* 1887 ; 12 *avril* 1888.)

La dernière fraction d'heure est négligée, mais il ne peut être compté moins d'une heure pour une vacation. (*Déc. du* 30 *mars* 1875.)

Tribunaux. V. COMPÉTENCE.

Tunique des officiers. V. TENUE DES OFFICIERS.

U

Uniforme. V. TENUE.

Usines. V. FABRIQUES.

V

Vacances. Les capitaines doivent rendre compte immédiatement des vacances qui se produisent. (*Circ. du* 30 *juill.* 1816, *n°* 188.)

Vélocipèdes. *Plaque de contrôle. Permis de circulation délivrés par les Receveurs aux personnes domiciliées à l'étranger.* (*Circ. du* 23 *déc.* 1898, *n°* 2987 ; *décr. du* 10 *déc.* 1898) Les dimanches et jours de fête, ces permis sont délivrés par les agents du service actif. (*L. ad. du* 24 *juill.* 1900.)

Exemption de taxe. Les agents inférieurs des brigades faisant usage de leur vélocipède pour le service en sont seuls exempts. (*Circ. du* 18 *mars* 1901, *n°* 3167.)

Allocations aux agents cyclistes. Allocation mensuelle de 3 fr. N'est pas fractionnée. (*Déc. du* 30 *nov.* 1898) Instructions. (*Déc. des* 17 *mai et* 29 *oct.* 1898.)

Plaques de contrôle. Pour les agents des Douanes, il suffit de faire graver le nom et le prénom, suivis des mots: *Direction des Douanes.* Les frais de gravure sont à la charge de l'homme. Le mot : *Douanes*, suffit pour les vélocipèdes appartenant à l'Administration. (*Déc. du* 29 *août* 1900.) (Frais du matériel.)

Apposition du plomb de douane sur les vélocipèdes des personnes se rendant à l'étranger. Est gratuit et remplace le passavant. (*Circ.* 2478 *du* 6 *déc.* 1894.)

Par suite de la fermeture des bureaux les dimanches et fêtes, le service actif peut apposer ce plomb. (*Circ. du* 28 *juill.* 1896, *n°* 2701, *p.* 14.) Les cyclistes dont les machines sont pourvues du plomb peuvent emprunter n'importe quel chemin pour quitter le territoire. (*Déc. du* 4 *août* 1903.)

Consignation des droits, acquits-à-caution. Les habitants de la zone frontière, personnellement connus du service, sont dispensés de ces formalités. (*Circ.* 2701, *p.* 14. V. *p.* 5.)

Contraventions. Les agents des Douanes peuvent les constater. Il n'y a ni arrestation du contrevenant, ni saisie du vélocipède. (*L. C. du* 30 *juill.* 1900.) Le procès-verbal est établi sur papier libre. (*Même L. C.*) Les verbalisateurs n'ont aucun droit à une part d'amende. (V. *L. ad. du* 7 *août* 1900.)

Voir au Registre d'ordre le règlement du 26 déc. 1893 sur l'emploi des vélocipèdes possédés par les agents. Les officiers, de même que les inspecteurs et sous-inspecteurs divisionnaires sont admis à en faire usage dans leurs tournées de jour.

Les réparations à faire aux machines de l'espèce sont au compte des détenteurs. (*Règl. précité.*)

Facilités. Instructions. (*L. ad. du* 16 *août* 1904.)

Réparations. Détérioration grave survenue à une machine au cours d'une attaque ou d'une poursuite de contrebandiers. Le prix de réparation pourrait être imputé sur les crédits budgétaires. (*Déc. du* 27 *juin* 1904.)

Visite sur les personnes. Cette visite peut être opérée par les agents des douanes sans le concours d'un officier public. Le refus de se laisser visiter constitue une opposition. (V. *Cass.*, 2 *janv.* 1856 ; *circ. du* 16 *mai suivant.*)

La visite en campagne ne doit avoir lieu qu'avec le consentement des intéressés, car en principe elle doit s'effectuer au bureau. (*Circ. lith. du* 10 *nov.* 1842.)

Les femmes ne peuvent être visitées que par des personnes de leur sexe. (*Circ. du* 25 *oct.* 1827, *n°* 1068.)

(V. *Circ. des* 27 *oct.* 1894, *n°* 2462 ; 9 *juill.* 1898, *n°* 2943 ; 10 *sept.* 1887, *n°* 1872 ; 10 *nov.* 1899, *n°* 3070.)

Visite des troupes. Les voitures et transports militaires sont assujettis à la visite des agents des Douanes à leur passage devant les bureaux des douanes. Si une troupe franchit une ligne de douane, la visite des voitures et bagages qui l'accompagnent, ainsi que celle des sacs et porte-manteaux, s'exécutera à portée du bureau sous les yeux d'un officier, d'un sous-officier ou d'un caporal. S'il y avait lieu à une visite à corps, elle serait faite par un sous-officier ou par un caporal désigné par le chef du détachement et serait exécutée sous les yeux d'un agent des Douanes. (*Art.* 35 *sur le Service des places*, *p.* 54.)

Pour les militaires isolés, on procéderait comme à l'ordinaire.

Visite des courriers des postes. Les caisses, balles, ballots ou paquets scellés d'un cachet de l'administration des postes et inscrits sur le *part* ne sont pas visités au bureau des douanes. La visite ne peut avoir lieu qu'au bureau des Postes françaises le plus voisin, en présence des agents des Postes. (*Déc. du Minist. des Fin. du 12 prairial an V.*) A cet effet, le conducteur devrait recevoir les préposés dans sa voiture s'il y a place pour eux ; dans le cas contraire, il devrait se rendre au bureau au pas ; si le ralentissement de la marche devait en faire souffrir le service des Postes, il y serait pourvu autrement. (V. *Delandre-Doussin.* V. *n°* 106 *du Tabl. des Contr., p.* 41 *et* 1281.)

Visites domiciliaires. (V. *Tabl. des Contr., p.* 40, 41, 121, 122. *Rec. méth., n^os^* 15, 200, 201, 203, 204 *et* 205. V. *la circ. du* 27 *avril* 1822, *n°* 721.)

Les préposés ne sont pas tenus de faire connaître à l'avance au maire dont ils requièrent l'assistance les maisons où les visites doivent être effectuées. (*Déc. minist. du* 7 *déc.* 1840. *Del., n°* 677, *renvoi n°* 2.)

Refus des officiers publics. Tenir la maison cernée et signaler le fait à l'autorité supérieure. (*Circ. du* 27 *avril* 1822, *n°* 721.)

Refus d'ouvrir les portes, les agents étant régulièrement assistés. Recourir au besoin à l'emploi de la force et, s'il le faut, requérir un serrurier. (*Déc. du* 22 *juill.* 1841 *et* 20 *janv.* 1843. V. *art.* 36, *titre XIII, de la loi du* 22 *août* 1791.)

Un procès-verbal commencé pendant le jour peut être continué pendant la nuit dans le domicile du contrevenant. (*Cass.,* 20 *mai* 1808. *V. Pel., n°* 749.)
V. Entrepots frauduleux.

Le temps de nuit est ainsi fixé par l'*art.* 1037 *du Code de proc. civ.* relatif aux significations et exécutions : du 1er avril au 30 septembre, de 9 heures du soir à 4 heures du matin ; du 1er octobre au 31 mars, de 6 heures du soir à 6 heures du matin. L'article 169 du décret du 20 mai 1903 (Service de la Gendarmerie) donne la même règle.

D'après un *Arrêt de Cass. du* 11 *mai* 1821, on ne doit pas considérer comme nocturne l'introduction qui a lieu après le lever du soleil.

Visiteuses. Il ne leur est pas fait de retenue sur leur indemnité à l'occasion de leurs interruptions de service. (*Déc. du* 30 *déc.* 1903.)

Voitures. *Sont considérés comme voitures*, au point de vue répressif :

Les voitures à bras (*Douai*, 13 *avril* 1896) ;

Les voitures de chemin de fer (*Nancy*, 5 *juill.* 1882 ; *Lyon*, 12 *janv.* 1891) ;

Les tramways. (*Douai*, 7 *août* 1899.)

Ne sont pas considérés comme voitures, et le n° 37 du *Tabl. des Contr.* n'est dès lors pas applicable aux :

Poussettes ou véhicules d'enfants (*Besançon*, 18 *févr.* 1898) ;

Brouettes (*Douai*, 16 *janv.* 1875) ;

Vélocipèdes simples (1) (*Cass.*, 7 *déc.* 1899) ;

Bateaux. (*Chambéry*, 1er *févr.* 1900.)

Il n'en faut pas moins saisir ces objets, dont la confiscation est prononcée par application de l'art. 41 de la loi du 28 avril 1816. (V. dans le même sens : *Cass.*, 25 *oct.* 1827.)

Importation par les bureaux. En cas de saisie, on applique le n° 37, et non le n° 32 lorsque les voitures n'ont pas été arrêtées devant le bureau. (V. *Déc. du* 30 *mars* 1904.) (*Tabl. des Contr.*, *n°* 37.)

Voiture chargée de contrebande attelée et prête à partir au moment de la saisie. (*Appliquer le n°* 37 *du Tabl. des Contr.*) (V. *Cass.*, 1er *déc.* 1826 *et* 26 *avril* 1828.)

En sens contraire, un arr. *Douai*, 27 *févr.* 1899. Cet arrêt méconnaît les lois sur la tentative, et l'intention de l'Administration n'est pas qu'on s'y arrête.

V. Chemin de fer.

---

(1) Si la bicyclette avait été pourvue d'un moteur quelconque, elle aurait été considérée comme voiture ; il en serait de même des automobiles ou autres véhicules de ce genre.

Z

Zones franches. *Marque du bétail.* (*Circ. du* 4 *mars* 1903, *n°* 3307.)

Fausses déclarations. (*Circ. du* 12 *avril* 1897, *n°* 2789.)

Convention avec la Suisse. (*Circ. du* 17 *août* 1895, *n°* 2581.)

Poitiers. — Librairie administrative P. Oudin.

LIBRAIRIE ADMINISTRATIVE P. OUDIN, A POITIERS

Bibliothèque des Douanes

IMPRIMÉS DE DOUANES A L'USAGE DU COMMERCE

(PRIX FRANCO)

NUMÉROS des MODÈLES	DÉSIGNATION DES MODÈLES	PRIX DES MODÈLES 1.000	500	100
D. n° 1	Manifestes (cas ordinaires)	25.50	15. »	3.40
	— — intercalaires	25.50	15. »	3.40
D. n° 2	Manifestes cabotage	25.50	15. »	3.40
	— — intercalaires	25.50	15. »	3.40
D. n° 3	Déclaration, permis et certificat de visite (importation par mer)	21.25	11.75	2.55
D. n° 4	Déclaration, soumission et permis de transbordement à destination de ports français	17. »	10.75	2.55
D. n° 5	Déclaration, soumission et permis de transbordement à destination de l'étranger	17. »	10.75	2.55
D. n° 6	Déclaration de sortie par mer, certificat de visite et permis d'embarquement	17. »	10.75	2.55
D. n° 7	Déclaration de sortie par mer pour les boissons (bleu)	17. »	10.75	2.55
D. n° 8	Expédition de cabotage, marchandises	21 25	11.75	2.55
D. n° 9	Expédition de cabotage pour les boissons (bleu)	21.25	11.75	2.55
D. n° 10	Déclaration d'entrée en entrepôt sans soumission	17. »	10.75	2.55
D. n° 11	Déclaration de sortie d'entrepôt pour la consommation	17. »	10.75	2.55
D. n° 12	Déclaration de sortie d'entrepôt pour la réexportation	17. »	10.75	2.55
D. n° 13	Déclaration et soumission de transfert en entrepôt réel	12.75	7.50	1.70
D. n° 14	Déclaration et soumission pour les entrepôts fictifs et spéciaux	17. »	10.75	2.55
D. n° 15	Déclaration et soumission pour les expéditions en transit ordinaire	21.25	11.75	2.55
D. n° 16	Déclaration et soumission pour l'admission temporaire des semoules de blé dur (papier chamois)	21.25	11.75	2.55
D. n° 17	Déclaration et soumission pour les mutations d'entrepôt par mer	21.25	11.75	2.55
D. n° 18	Déclaration et soumission pour les marchandises admises temporairement en franchise	30. »	18. »	4.25
D. n° 19	Déclaration de sortie pour les marchandises expédiées avec prime	17. »	10.75	2.55
D. n° 20	Déclaration d'exportation ou de mise en entrepôt	12.75	7.50	1.70
D. n° 21	Déclaration d'exportation ou de mise en entrepôt (fruits, confitures et bonbons)	12.75	7.50	1.70
D. n° 22	Déclaration pour les sucres importés destinés au sucrage des vins, cidres et poirés	17. »	10.75	2.55
D. n° 23	Déclaration pour les sucres raffinés, destinés au sucrage des vins, cidres et poirés (papier chamois)	17. »	10.75	2.55
D. n° 24	Déclaration en détail, permis et certificat de visite	12.75	7.50	1.70
D. n° 25	Déclaration de chargement des sels et matières salifères	15.25	9. »	2.15
D. n° 26	Déclaration et certificat de visite (importation par les frontières de terre)	21.25	11.75	2.55
D. n° 27	Déclaration et certificat de visite (exportation par les frontières de terre)	17. »	10.75	2.55
D n° 28	Déclaration et certificat de visite (exportation par les frontières de terre) pour les boissons (papier bleu)	17. »	10.75	2.55
D. n° 29	Relevé des marchandises expédiées par chemin de fer	17. »	10.75	2.55
D. n° 30	Soumission et expédition pour le transit par chemin de fer	17. »	10.75	2.55
D. n° 31	Déclaration de transfert et soumission d'entrepôt	12.75	7.50	1.70
D. n° 32	Déclaration d'exportation de tissus de coton avec remboursement à forfait	21.25	11.75	2.55

www.ingramcontent.com/pod-product-compliance
Lightning Source LLC
Chambersburg PA
CBHW052044270326
41931CB00012B/2626
9782011312396